새 연세한국어 듣기와 읽기 1-2

연세대학교 한국어학당 편

연세대학교 출판문화원

머리말

연세대학교 한국어학당은 1959년에 설립된 한국 최초의 외국어로서의 한국어 교육 기관이다. 연세대학교 한국어학당은 그간의 역사와 명성에 걸맞게 다양한 한국어 교재 편찬 및 관련 연구를 해옴으로써 한국어 교육을 선도해 왔다. 지금까지 전 세계에서 온 약 150여 개국의 17만여 명에 이르는 한국어 학습자에게 한국어와 한국 문화를 가르쳐 왔으며, 최근에는 빠른 속도로 변화해 가는 교육 환경에 맞추어 오프라인 한국어 교육뿐만 아니라 온라인 한국어 교육 콘텐츠 개발에도 노력을 기울이고 있다. 이미 세계 각국의 한국어 학습자를 대상으로 글로벌 온라인 대중 공개 강좌(MOOC)를 개설하여 학습자들로부터 큰 호응을 얻었고 연세대학교 온라인 교육 혁신 플랫폼인 런어스(LearnUs)에도 최신 기술을 활용한 한국어 콘텐츠를 올려서 학습자들을 만나는 중이다.

연세대학교 한국어학당은 그간 일반 목적 한국어 학습자들뿐만 아니라 특수 목적 한국어 학습자들을 대상으로 정규과정, 단기과정, 대학 한국어 과정 등 다양한 교육과정을 개설 운영하면서 학습자의 요구에 부응하는 최상의 교재를 개발해 왔다. 이러한 교재들은 국내외의 한국어 교육 기관에서 교사와 학습자들의 다양한 요구를 충족시키며 양질의 한국어 교수·학습을 위해 널리 사용되고 있다.

연세대학교 한국어학당은 그간 가장 큰 호응을 받아 왔던 '연세한국어' 1급~6급의 뒤를 이을 새로운 교재로 '새 연세한국어' 시리즈를 기획 출간하게 되었다. 이 교재의 개발을 위해 한국어 교육 현장 경험이 풍부한 전문 한국어 교육학자 및 교사들이 대거 투입되었고 최상의 한국어 교수법 및 학습자 집단의 요구에 대한 이해를 바탕으로 개발 작업이 장기간에 걸쳐 수행되었다.

이번에 출간된 '새 연세한국어' 시리즈는 총 6단계로 각 단계마다 어휘와 문법 교재, 말하기와 쓰기 교재, 듣기와 읽기 교재로 구성되어 있다. '새 연세한국어 어휘와 문법'은 한국어 학습자들이 각 숙달도별로 가장 필수적으로 익혀야 하는 주요 어휘와 문법에 대한 이해와 활용을 중심으로 구성되었다. '새 연세한국어 말하기와 쓰기'는 원활한 한국어 의사소통을 위해 꼭 필요한 표현 기능을 수행할 수 있도록 말하기, 쓰기 과제를 중심으로 구성되었다. 또한 '새 연세한국어 듣기와 읽기'는 듣기, 읽기 과제를 중심으로 각 급별 숙달도에 적절한 이해 능력을 함양시킬 수 있도록 구성되었다. 이 세 권의 교재는 어휘·문법, 표현, 이해 능력의 고른 발달을 위해 패키지로 함께 사용될 수도 있고, 교육 현장 여건이나 학습자의 요구에 따라 별도로 사용될 수도 있다. 또한 어휘와 문법 교재의 경우 별도의 지침서가 무료로 제공되므로 교육 경험이 다소 부족한 국내외의 한국어 교사들에게 유용한 길잡이가 될 수 있을 것이다.

연세대학교 한국어학당은 앞으로도 전 세계의 한국어 학습자들의 요구와 기대에 부응하는 교재 개발을 위해 최선을 다할 것이다. 아울러 본 교재가 국내외에서 한국어 교육을 위해 노력을 아끼지 않는 많은 교사와 한국어 학습을 위해 노력하는 모든 학습자들에게 크게 도움이 되기를 바란다.

연세대학교 언어연구교육원
한국어학당 교재편찬위원회

일러두기

01 이 책은 <새 연세한국어 **어휘와 문법 1**>, <새 연세한국어 **말하기와 쓰기 1**>와 함께 한국어 초급 학습자들을 위한 교재이다.

02 이 책은 한국어 초급 학습자들이 한국어로 된 글과 말을 읽거나 듣고 이해할 수 있는 능력을 키우기 위해 구성된 이해 능력 개발 교재이다.

03 이 책은 총 20과이며, 각 과는 2개 항으로 구성되어 총 40개 항이 있다. 그리고 2개 과마다 복습을 할 수 있도록 복습 10개 항을 구성했다. 각 항은 각각 50분 수업 분량으로 이 책은 총 50개 항으로 구성되어 있다. 교재 첫 부분에 한글을 제시하였고 2개 항마다 한국 문화에 대한 소개가 있다.

04 이 책의 각 항은 '제목, 학습목표, 준비해 봅시다, 읽어 봅시다(들어 봅시다), 들어 봅시다(읽어 봅시다), 따라해 봅시다. 정리해 봅시다'의 5단계로 구성되었다. 이해 교재의 모든 항은 듣기와 읽기의 기능이 통합된 형태로 구성되는데, 단원의 내용과 성격에 따라 듣기 활동과 읽기 활동의 내용의 순서를 달리 하였다.

05 각 과의 제목은 <새 연세한국어 **어휘와 문법 1**>과 동일하나 각 항의 제목은 해당 항의 내용을 대표할 수 있는 개념으로 항의 제목을 설정했다. 또한 제목 옆에 QR코드를 넣어 녹음된 내용을 쉽게 확인할 수 있도록 하였다.

06 학습목표는 '-을 이해할 수 있다', 또는 ' ~ 관련 내용을 이해할 수 있다'와 같이 이해 기능이 드러나도록 기술했다.

07 '준비해 봅시다'는 각 항의 들어가기에 해당되며 해당 단원의 읽기와 듣기 내용의 이해를 돕기 위한 준비 단계이다. 단원 학습 내용과 관련된 필수적인 어휘 학습으로 구성된다. 그러나 단순 어휘 학습이 아니라 이해 교재의 특성이 잘 반영될 수 있도록 문장이나 맥락 안에서 사용된 어휘를 접하도록 하여 학습자들의 이해를 돕고자 하였다.

08 '읽어 봅시다'는 초급 단계의 학습목표에 따라 일상생활에서의 문어 의사소통 능력을 향상시키는 데 초점을 두어 일상생활과 관련된 내용이나 생활문(메모, 간단한 안내문과 설명문)을 읽고 내용을 파악하도록 하는 유형이 많다.

09 '들어 봅시다'는 구어를 통해 실생활에서 활용가능한 의사소통 능력을 배양할 수 있도록 하였다. 듣기 지문의 경우 문장 단위에서 시작하여 대화, 그리고 담화로 듣기 단위를 순차적으로 확대하여 제시하였으며 짧은 것에서 긴 것으로, 쉬운 것에서 어려운 것으로 단계를 구분하여 제시하였다. 특히 세 번째와 네 번째 과제의 경우 두 번째 단계에서 받아쓰기를 구성하여 들은 내용을 정확하게 파악할 수 있도록 하였다. 따라서 이 두 과제의 경우 첫 번째 단계를 학습할 때 두 번째 단계의 내용을 보지 못하게 하도록 지도하는 것이 필요하다.

10 '따라해 봅시다'는 발음 연습을 위한 부분으로 교재의 읽기 지문이나 듣기 지문에 제시된 어휘 중에 음운 변화가 포함되거나 학습자의 오류율이 높은 발음을 단원별로 선정하여 동일한 규칙을 포함한 어휘 2개를 해당 발음이 포함된 본문의 문장과 함께 제시하였다.

11 '정리해 봅시다'는 학습한 내용을 학습자 스스로 확인 및 점검을 하면서 다른 언어 능력과의 통합 교육을 통해 언어 능력을 강화하고자 설정한 부분이다. 이 부분에서는 학습 내용을 말하기, 듣기, 읽기, 쓰기 활동과 통합될 수 있도록 구성하였다.

12 '복습'에서는 선행 학습된 2개 과의 어휘와 문법, 내용을 활용할 수 있도록 읽기와 듣기의 두 부분으로 구성되었다. 각 항에서 배운 내용을 감안하여 듣기나 읽기 중 한 기능에 초점을 두고 다른 한 기능을 연계시켜 통합적인 학습이 가능하도록 유도하였다.

13 '문화'는 복습 항 마지막 부분에 문화 텍스트가 삽화 자료와 함께 제시된다. 문화 항목 중 이해 교재의 특성에 부합하는 내용을 선정하여 정보 문화 중심으로 구성하였다.

14 '한글'은 자모 읽기, 단어 읽기, 문장 읽기, 듣기를 통한 음소 변별을 할 수 있도록 교재 초반에 제시하였다.

15 부록에는 정답과 어휘 색인 목록을 제시하였으며, 별책에 읽기 번역과 듣기 지문 및 번역을 함께 실었다.

단원구성

과	제목	학습목표	표현	문화(복습항)
11과 약속	1. 약속	약속 관련 내용을 이해할 수 있다	-은 후에 -으니까	존댓말과 반말
	2. 주말 약속	주말 약속 관련 내용을 이해할 수 있다	-는데 이나	
12과 가족	1. 가족 이야기	가족 소개 관련 내용을 이해할 수 있다	-으시- 께서	
	2. 우리 할머니	가족의 취미 관련 내용을 이해할 수 있다	-으세요[1] -으세요[2]	
13과 쇼핑	1. 동대문시장	쇼핑 관련 내용을 이해할 수 있다	-은[1] 보다	화폐
	2. 쇼핑	쇼핑 장소와 단위 명사 관련 내용을 이해할 수 있다	-는 에[2]	
14과 생일	1. 생일 선물	생일 선물을 준비하는 내용을 이해할 수 있다	에게(한테/께) -을	
	2. 생일 파티	생일 파티를 준비하는 내용을 이해할 수 있다	-은[2] 르 동사	
15과 전화	1. 전화번호	전화번호 관련 내용을 이해할 수 있다	-지요? -어 주다	서울의 대중교통
	2. 전화	전화 관련 내용을 이해할 수 있다	에게서(한테서) -을 수 있다	

과	제목	학습목표	표현	문화(복습항)
16과 교통	1. 교통	교통수단과 소요 시간 관련 내용을 이해할 수 있다	으로[1] 에서 까지	서울의 대중교통
	2. 공항버스	교통수단을 이용하는 내용을 이해할 수 있다	-어야 하다 마다	
17과 길 찾기	1. 이태원	위치와 방향 관련 내용을 이해할 수 있다	으로[2] -으면	꽃구경과 단풍놀이
	2. 길 안내	길 안내 관련 내용을 이해할 수 있다	-요? -어서[2]	
18과 날씨와 계절	1. 날씨	날씨 관련 내용을 이해할 수 있다	-는군요 -을 것 같다	
	2. 사계절	계절 활동 관련 내용을 이해할 수 있다	-는 것 같다 -으면서	
19과 여행	1. 여행 계획	여행 계획 관련 내용을 이해할 수 있다	-으려고 하다 -는 게 어때요?	관광지
	2. 여행 준비	여행 준비 관련 내용을 이해할 수 있다	-고 있다 못	
20과 방학과 휴일	1. 방학	방학 관련 내용을 이해할 수 있다	-기 전에 -겠다[1]	
	2. 휴일	휴일 관련 내용을 이해할 수 있다	-지 않아요? -고요	

차례

머리말 / iii
일러두기 / iv
단원구성 / vi
등장인물 / ix

1-2

11과 약속 2
12과 가족 10
13과 쇼핑 20
14과 생일 28
15과 전화 38
16과 교통 46
17과 길 찾기 56
18과 날씨와 계절 64
19과 여행 74
20과 방학과 휴일 82

부록 모범 답안(교재) / 92
색인 / 99

별책 언어별 번역

1-1

한글 1
1과 인사와 소개 14
2과 물건 22
3과 학교 32
4과 친구 40
5과 고향 50
6과 학교생활 58
7과 음식 68
8과 하루 생활 76
9과 주말 86
10과 지난 일 94

등장인물 | Main characters

에릭 파커
- 미국
- 어학당 학생
- 한국전자 직원

존 카마우
- 케냐
- 어학당 학생
- 교환학생

사토 유키
- 일본
- 어학당 학생
- 기자

리타오
- 중국
- 어학당 학생
- 대학 입학 예정자

노라 한슨
- 노르웨이
- 어학당 학생
- 대학원 입학 예정자

최주앙
- 브라질
- 어학당 학생
- 대학 휴학생

응웬 흐엉
- 베트남
- 어학당 학생

레오 마르탱
- 프랑스
- 어학당 학생
- 요리사

올리비아 스미스
- 호주
- 어학당 학생
- 외교관

이윤아
- 한국
- 대학생

정하늘
- 한국
- 대학생

김우진
- 한국
- 한국전자 직원

새 연세한국어

듣기와 읽기 1-2

11과 약속

1. 약속

MP3 / 35

• 학습목표: 약속 관련 내용을 이해할 수 있다.

Ⅰ. 준비해 봅시다

읽고 맞으면 O, 틀리면 X 하십시오.

<오늘>		
9:00 -		회사
12:00 -	1:00	점심
2:00 -	3:00	회의
6:00 -		에릭과 영화
		신촌극장 앞
9:00 -		집

1) 오늘 약속이 있습니다. ( )

2) 약속 시간이 5시입니다. ( )

3) 약속 장소가 회사 앞입니다. ( )

4) 에릭과 약속을 했습니다. ( )

Ⅱ. 들어 봅시다

1 문장을 듣고 관계가 있는 그림과 연결하십시오.

1) • 2) • 3) • 4) •

① 

② 

③ 

④ 

약속 약속 시간 약속 장소 약속을 하다 후

2 문장을 듣고 먼저 한 일에 ✔하십시오.

1) □ 빨래 □ 숙제

2) □ 수업 □ 아르바이트

3) □ 영화 □ 저녁

4) □ 식사 □ 요리

[3-4] 대화를 듣고 질문에 답하십시오.

3 맞으면 O, 틀리면 X 하십시오.

1) 흐엉 씨는 단어 시험이 있으니까 공부를 하고 싶어 해요. ( )
2) 흐엉 씨는 쇼핑을 하고 공부를 할 거예요. ( )
3) 흐엉 씨는 이번 일요일에 백화점에서 쇼핑을 할 거예요. ( )

4 대화를 완성하십시오.

가: 흐엉씨, 이번 일요일에 약속이 있어요?
나: 아니요, 없어요.
다음 주에 단어 시험이 ________ 오전에 공부를 할 거예요.
가: 그럼 ________ 백화점에서 같이 쇼핑을 할까요?
나: 좋아요. 노라 씨. 신촌 백화점 앞에서 두 시에 만납시다.

[5-6] 대화를 듣고 질문에 답하십시오.

5 질문에 답하십시오.

1) 에릭 씨는 이번 토요일 오전에 무엇을 할 거예요? ( )
❶ 숙제 ❷ 축구 ❸ 예습 ❹ 농구

2) 에릭 씨는 주말에 친구와 약속이 있어요. 약속 시간과 장소는 어디예요?
에릭 씨는 친구를 ________에 ________에서 만날 거예요.

빨래 단어 시험 그럽시다 예습

6 대화를 완성하십시오.

가: 에릭 씨, 이번 토요일에 약속이 있어요?

나: 아니요. 없어요.

______________ 오전에 숙제를 할 거예요.

오후에는 시간이 있어요.

가: 그럼 숙제를 한 후에 같이 축구를 할까요.?

나: 좋아요.

____

가: 그럽시다. 그럼 몇 시에 어디에서 만날까요?

나: 한 시에 주앙 씨 집 근처 공원 앞에서 만납시다.

III. 읽어 봅시다

저는 날마다 오전에 한국어를 공부합니다.
수업이 끝난 후에 점심을 먹고 도서관에서 숙제를 합니다.
도서관이 조용하니까 숙제하러 자주 갑니다.
숙제를 한 후에 하숙집에 갑니다.
하숙집에서 저녁을 먹고 집 근처에서 산책을 합니다.
가끔 친구와 같이 탁구도 칩니다. 보통 주말에는 약속이 있습니다.
친구와 같이 영화도 보고 콘서트에도 갑니다.
이번 주말에는 친구와 영화를 본 후에 쇼핑을 하고 싶습니다.

하숙집

1 이 사람은 날마다 무엇을 합니까? 순서대로 쓰십시오.

❶ 한국어학당에서 한국어를 공부합니다. ❷ 점심을 먹습니다.
❸ 집 근처에서 산책을 합니다. ❹ 하숙집에서 저녁을 먹습니다.
❺ 도서관에서 숙제를 합니다.

(❶) → (   ) → (   ) → (   ) → (   )

2 문장을 읽고 맞으면 O, 틀리면 X 하십시오.

1) 도서관이 조용하니까 자주 갑니다. (   )
2) 저녁을 먹은 후에 가끔 친구와 탁구를 칩니다. (   )
3) 날마다 영화도 보고 콘서트에도 갑니다. (   )

3 질문을 읽고 알맞은 대답을 쓰십시오.

1) 이 사람은 왜 도서관에서 숙제를 합니까?
도서관이 ________________ 도서관에서 숙제를 합니다.
2) 이 사람은 이번 주말에 무엇을 하고 싶어 합니까?
이 사람은 친구와 같이 ________________ 싶어 합니다.

IV. 따라해 봅시다

- 수업이[수어비]
- 집에서[지베서]
- 수업이 끝난 후에 점심을 먹습니다.

V. 정리해 봅시다

1. 주말에 친구와 약속이 있습니까?
2. 약속 시간은 언제입니까? 약속 장소는 어디입니까?

11과 약속

2. 주말 약속

MP3 / 36

• 학습목표: 주말 약속 관련 내용을 이해할 수 있다.

I. 준비해 봅시다

듣고 알맞은 것을 연결하십시오.

1) 2) 3) 4)

❶ 영화관 ❷ 미술관 ❸ 카페 ❹ 놀이공원

II. 읽어 봅시다

제시카 씨는 주말에 남자 친구를 만났습니다.
남자 친구가 놀이공원에 가고 싶어 해서 서울대공원에 놀러 갔습니다.
서울대공원은 아주 넓고 아름답습니다.
그리고 놀이공원과 미술관도 있습니다.
날씨가 추웠지만 서울대공원에 사람들이 많았습니다.
두 사람은 먼저 미술관에 갔습니다.
미술관에서 그림을 보고 산책을 했습니다.
그리고 점심을 먹은 후에 놀이공원에 갔습니다.
여러 가지 놀이기구를 탔습니다.
좀 무서웠지만 재미있었습니다.

영화관 미술관 카페 놀이공원 서울대공원 여러 가지 놀이기구 무섭다

1 대공원에는 무엇이 있습니까? 모두 고르십시오. (,   )

❶ 카페 ❷ 극장
❸ 노래방 ❹ 미술관
❺ 피시방 ❻ 놀이공원

2 문장을 읽고 맞으면 O, 틀리면 X 하십시오.

1) 남자 친구가 놀이공원에 가고 싶어 했습니다. (   )
2) 주말에 날씨가 추웠습니다. (   )
3) 이 사람들은 놀이기구를 탄 후에 미술관에 갔습니다. (   )

3 질문을 읽고 알맞은 대답을 쓰십시오.

1) 이 사람들은 점심을 먹고 어디에 갔습니까?
______에 갔습니다.

2) 이 사람들은 놀이공원에서 무엇을 했습니까?
놀이공원에서 ______

III. 들어 봅시다

1 문장을 듣고 알맞은 것에 ✔하십시오.

1)		2)		3)		4)	
□	□	□	□	□	□	□	□
한 시	두 시	청소	여행	김치찌개	갈비탕	카페	공원
□	□	□	□	□	□	□	□
세 시	네 시	빨래	등산	된장찌개	삼계탕	도서관	영화관

2 대화를 듣고 맞는 것에 ✔하십시오.

1)

❶ (　　) ❷ (　　)

2)

❶ (　　) ❷ (　　)

3)

❶ (　　) ❷ (　　)

4)

❶ (　　) ❷ (　　)

[3-4] 대화를 듣고 질문에 답하십시오.

3 맞으면 O, 틀리면 X 하십시오.

1) 두 사람은 한글박물관에 가고 싶어 합니다. (　　)
2) 유키 씨는 주말에 바쁘지 않습니다. (　　)
3) 한글박물관은 오전에 사람이 많습니다. (　　)

4 대화를 완성하십시오.

가: 유키 씨, 용산에 한글박물관이 있는데 같이 갈까요?
나: 그래요? 주말에 ________ 이번 토요일에 갈까요?
가: 네, 좋아요. 오후에는 사람이 많으니까 오전에 갑시다.
나: 네, 그럼 ________ 만날까요?

[5-6] 대화를 듣고 질문에 답하십시오.

5 질문에 답하십시오.

1) 두 사람은 내일 어디에 갑니까? 모두 고르십시오. (　　,　　)
❶ 종로　❷ 남대문시장　❸ 동대문시장　❹ 명동

2) 두 사람은 결혼식이 끝난 후에 명동에서 무엇을 할 거예요?
________ 칼국수를 먹을 거예요.

6 대화를 완성하십시오.

가: 올리비아 씨, 내일 친구가 종로에서 ________
나: 좋아요, 윤아 씨. 저도 한국에서 결혼식을 보고 싶었어요.
가: 네, 그럼 결혼식이 끝난 후에 ________
나: 그래요. 저는 명동에서 쇼핑을 하고 싶어요.
가: 그럽시다. 쇼핑을 하고 저녁도 같이 먹을까요?
나: 네, 명동에서 칼국수를 먹읍시다.

V. 따라해 봅시다

- 한글박물관 [한글방물관]
- 국민 [궁민]
- 용산에 한글박물관이 있습니다.

V. 정리해 봅시다

1. 친구를 보통 어디에서 만납니까?
2. 그곳에서 무엇을 합니까?

한글박물관　-쯤　종로　결혼을 하다　결혼식　칼국수

12과 가족

1. 가족 이야기

MP3 / 37

• 학습목표: 가족 소개 관련 내용을 이해할 수 있다.

Ⅰ. 준비해 봅시다

듣고 알맞은 것을 연결하십시오.

1)　　2)　　3)　　4)

❶

❷

❸

❹

Ⅱ. 읽어 봅시다

우리 가족은 모두 다섯 명입니다.
아버지와 어머니, 형, 여동생, 저입니다.
부모님께서 브라질에 계십니다.
아버지는 의사이시고 어머니는 선생님이십니다.
어머니는 영어를 가르치십니다.
형은 회사원이고 미국 뉴욕에서 일합니다.
여동생은 대학교에서 생물학을 공부합니다.
저는 작년에 가수가 되고 싶어서 한국에 왔습니다.
저는 지금 한국에서 한국말을 열심히 공부합니다.
노래와 춤도 배웁니다.

모두　동생　누나　할머니　계시다　아버지　명　형　여동생　부모님
뉴욕　생물학　작년　되다　열심히　노래　춤

1 문장을 읽고 관계가 있는 것과 연결하십시오.

1) 부모님은 브라질에 사십니다. • • ❶ 

2) 아버지는 의사이십니다. • • ❷ 

3) 형은 회사원입니다. • • ❸ 

4) 여동생은 대학교에서 생물학을 공부합니다. • • ❹ 

2 문장을 읽고 맞으면 O, 틀리면 X 하십시오.

1) 부모님께서 모두 일하십니다. (　　)
2) 형이 영어를 가르칩니다. (　　)
3) 형과 누나가 있습니다. (　　)

3 질문을 읽고 알맞은 대답을 쓰십시오.

1) 가족이 몇 명입니까?
가족이 ____________________

2) 어머니께서 무엇을 하십니까?
어머니께서 ____________________

III. 들어 봅시다

1 문장을 듣고 맞는 것에 ✔하십시오.

1) 

❶ (　　　)　❷ (　　　)

2) 

❶ (　　　)　❷ (　　　)

3) 

❶ (　　　)　❷ (　　　)

4) 

❶ (　　　)　❷ (　　　)

2 대화를 듣고 알맞은 것을 연결하십시오.

1) •　　• ❶ 　　•　　• 가 

2) •　　• ❷ 　　•　　• 나 

3) •　　• ❸ 　　•　　• 다 

4) •　　• ❹ 　　•　　• 라 

할아버지	시장	신문	형제	남동생

[3-4] 대화를 듣고 질문에 답하십시오.

3 맞으면 O, 틀리면 X 하십시오.

1) 우진 씨는 형제가 있습니다. ( )
2) 우진 씨는 남동생이 있습니다. ( )
3) 우진 씨 동생은 의사입니다. ( )

4 대화를 완성하십시오.

가: 우진 씨, ________ 있습니까?
나: 네, ________ 있습니다.
가: 동생은 무엇을 합니까?
나: 제 동생은 고등학생입니다. 의사가 되고 싶어 합니다.

[5-6] 대화를 듣고 질문에 답하십시오.

5 질문에 답하십시오.

1) 흐엉 씨 아버지는 무엇을 하십니까? ( )
   ❶ 은행원 ❷ 회사원 ❸ 선생님 ❹ 의사
2) 흐엉 씨 부모님은 어디에 계십니까?
   흐엉 씨 부모님은 ________

6 대화를 완성하십시오.

가: 흐엉 씨, ________
나: 베트남 하노이에 계십니다.
가: 흐엉 씨 부모님은 무엇을 하십니까?
나: 아버지는 은행에서 일하시고 어머니는 여행사에서 일하십니다.
가: 그럼 ________
나: 네, 여행사에서 일하셔서 가끔 오십니다.

IV. 따라해 봅시다

- 계십니다[계심니다/게심니다]
- 시계[시계/시게]
- 부모님께서 브라질에 계십니다.

V. 정리해 봅시다

1. 가족이 몇 명입니까?
2. 부모님이 어디에 계십니까?

고등학생 하노이 여행사

12과 가족

2. 우리 할머니

MP3 / 38

• 학습목표: 가족의 취미 관련 내용을 이해할 수 있다.

I. 준비해 봅시다

그림을 보고 맞으면 ○, 틀리면 X 하십시오.

1) 언니가 요리해요. ( )

2) 언니가 노래를 불러요. ( )

3) 언니가 사진을 찍어요. ( )

II. 읽어 봅시다

이분은 우리 할머니세요.
우리 할머니는 요리 선생님이세요.
잘 가르치셔서 인기가 많으세요.
한국 가수를 좋아하세요.
그래서 집에서 한국 노래를 많이 들으세요.
할머니는 한국 가수 콘서트에 가고 싶어 하세요.
그래서 제가 콘서트 표를 예매했어요.
다음 주에 할머니께서 한국에 오세요.
저는 할머니와 같이 콘서트를 보러 갈 거예요.
콘서트를 본 후에 한국 음식도 먹으러 갈 거예요.

노래를 부르다

1 문장을 읽고 관계가 있는 그림과 연결하십시오.

1) 우리 할머니는 요리를 가르치세요. •　　• ①

2) 할머니는 한국 노래를 좋아하세요. •　　• ②

3) 할머니는 한국에서 콘서트를 보실 거예요. •　　• ③

4) 할머니와 한국 음식을 먹을 거예요. •　　• ④

2 문장을 읽고 맞으면 O, 틀리면 X 하십시오.

1) 할머니는 한국 음악을 많이 들으십니다. (　　)
2) 할머니께서 콘서트 표를 예매하셨습니다. (　　)
3) 내일 할머니께서 한국에 오십니다. (　　)

3 질문을 읽고 알맞은 대답을 쓰십시오.

1) 할머니께서 왜 한국 노래를 많이 들으세요?

____

2) 한국에서 할머니와 무엇을 할 거예요?

콘서트를 보고 ______________________

III. 들어 봅시다

1 문장을 듣고 맞는 것을 고르십시오.

1) 

① (　　) ② (　　)

2) 

① (　　) ② (　　)

3) 

① (　　) ② (　　)

4) 

① (　　) ② (　　)

2 질문을 듣고 맞는 대답을 고르십시오.

1) • • ① 제주도에 사세요.

2) • • ② 중국 음식을 좋아해요.

3) • • ③ 저는 서울에 살아요.

4) • • ④ 일본 음식을 좋아하세요.

[3-4] 대화를 듣고 질문에 답하십시오.

3 맞으면 O, 틀리면 X 하십시오.

1) 존 씨 어머니께서 한국에 계십니다. (　　)

2) 존 씨 어머니께서 선생님이십니다. (　　)

3) 존 씨 어머니께서는 노래를 좋아하십니다. (　　)

4 대화를 완성하십시오.

가: 존 씨, 어머니께서 어디에 계세요?

나: 케냐에 계세요. ________

가: 어머니께서 무엇을 좋아하세요?

나: 그림을 좋아하세요. 그림을 ________

[5-6] 대화를 듣고 질문에 답하십시오.

5 질문에 답하십시오.

1) 에릭 씨 부모님은 무엇을 좋아하세요? (　　　)

❶ 영화　　❷ 노래　　❸ 사진　　❹ 삼계탕

2) 에릭 씨는 부모님과 어디에 갈 거예요?

____

6 대화를 완성하십시오.

가: 우진 씨, 다음 주에 우리 부모님께서 한국에 오세요.
부모님하고 어디에 갈까요?

나: 에릭 씨 부모님께서 무엇을 좋아하세요?

가: 사진을 좋아하세요. ________________

나: 그럼 창덕궁에 가세요. 창덕궁이 아름다워서 사람들이 사진을 찍으러 많이 가요.

가: 창덕궁을 구경하고 점심에 무엇을 먹을까요?

나: ____________________

Ⅳ. 따라해 봅시다

- 창덕궁[창덕꿍]
- 학교[학꾜]
- 그럼 창덕궁에 가세요.

Ⅴ. 정리해 봅시다

1. 부모님께서 무엇을 좋아하십니까?
2. 부모님께서 무엇을 자주 하십니까?

창덕궁

MP3 / 39

1 대화를 듣고 대답하십시오.

1) 무엇에 대한 이야기입니까? (　　)

❶ 친구　❷ 시험　❸ 약속　❹ 등산

2) 대화의 내용과 같은 것을 고르십시오. (　　)

❶ 윤아 씨 고향은 제주도입니다.

❷ 윤아 씨는 이번 주말에 바쁩니다.

❸ 윤아 씨는 지금 제주도에 있습니다.

❹ 윤아 씨는 집에 자주 가지 못합니다.

3) 언제 제주도에 갑니까? 쓰십시오.

2 다음 글을 읽고 질문에 답하십시오.

우리 가족은 모두 4명입니다. 부모님은 제주도에 계시고 오빠하고 저는 서울에 있습니다. 아버지께서는 회사원이십니다. 사진 찍기를 좋아하셔서 산이나 바다에 자주 사진을 찍으러 가십니다. 어머니께서는 선생님이십니다. 책을 많이 읽으십니다. 오빠는 기자입니다. 오빠의 취미는 요리입니다. 저는 고등학생입니다. 그림을 좋아해서 자주 그림을 그립니다.

1) **무엇에 대한 이야기입니까? (　　)**

① 고향　② 가족　③ 직업　④ 생활

2) **이 글의 내용과 같은 것을 고르십시오. (　　)**

① 오빠는 요리를 좋아합니다.　② 저는 사진을 자주 찍습니다.

③ 어머니는 노래를 잘하십니다.　④ 아버지는 책을 많이 읽으십니다.

문화

존댓말과 반말

한국어에는 말하는 사람과 듣는 사람의 관계에 따라 존댓말과 반말이 있습니다. 처음 만나는 사람이나 나이가 많은 사람에게는 존댓말을 합니다. 아주 친한 친구나 나이가 어린 사람에게는 반말을 합니다. 회사에서 일할 때나 공식적인 자리에서는 '-습니다/ㅂ니다'라고 말합니다.

13과 쇼핑

1. 동대문시장

MP3 / 40

• 학습목표: 쇼핑 관련 내용을 이해할 수 있다.

Ⅰ. 준비해 봅시다

읽고 맞으면 O, 틀리면 X 하십시오.

1) 바지가 짧아요.

( )

2) 가방이 무거워요.

( )

3) 옷이 두껍습니다.

( )

4) 구두가 비쌉니다.

( )

Ⅱ. 들어 봅시다

1 문장을 듣고 관계가 있는 것을 연결하십시오.

1) 2) 3) 4)

1) ①  ② 

2) ①  ② 

3) ①  ② 

₩80,000,000 ₩25,000,000

4) ①  ② 

짧다 무겁다 두껍다 구두 얇다 차[2] 보다[2] 더

2 대화를 듣고 여자의 대답과 관계가 있는 것의 번호를 고르십시오.

1) (　　) ❶ 밥을 좋아해요. ❷ 빵을 좋아해요.

2) (　　) ❶ 언니가 더 커요. ❷ 동생이 더 커요.

3) (　　) ❶ 기숙사가 좋아요. ❷ 하숙집이 좋아요.

4) (　　) ❶ 축구가 더 재미있어요. ❷ 야구가 더 재미있어요.

[3-4] 대화를 듣고 질문에 답하십시오.

3 맞으면 O, 틀리면 X 하십시오.

1) 노라 씨는 바지를 사고 싶어 합니다. (　　)

2) 짧은 바지가 긴 바지보다 더 예쁩니다. (　　)

3) 긴 바지가 값이 더 쌉니다. (　　)

4 대화를 완성하십시오.

가: 노라 씨, 무슨 옷을 사고 싶어요?

나: 저는 바지를 사고 싶어요. 이 긴 바지가 어때요?

가: ________ 짧은 바지가 더 예뻐요. 값도 더 싸요.

나: 그럼 이 ________을/를 살까요?

여기요, 이 바지가 얼마예요?

여기요　얼마　코트

[5-6] 대화를 듣고 질문에 답하십시오.

5 질문에 답하십시오.

1) 코엑스에 무엇이 있습니까? (   )

❶ 백화점　　❷ 옷 가게　　❸ 서점　　❹ 영화관

2) 두 사람은 오늘 오후에 무엇을 하러 코엑스에 갑니까?

두 사람은 ______________ 코엑스에 갑니다.

6 대화를 완성하십시오.

가: 노라 씨, 오늘 오후에 같이 쇼핑하러 갈까요?

나: 좋아요. 어디에 갈까요?

가: 코엑스는 어때요? 코엑스에 ______________
백화점보다 값도 싸요.

나: 그래요? 윤아 씨는 코엑스에서 무엇을 사고 싶어요?

가: 저는 ______________ 을/를 사고 싶어요.
노라 씨는 무엇을 사고 싶어요?

나: 저는 가방을 사고 싶어요.

III. 읽어 봅시다

저는 동대문 근처에서 삽니다.
그래서 집에서 가까운 동대문시장에 자주 갑니다.
동대문시장에 예쁘고 좋은 물건이 많습니다.
다른 시장보다 값도 비싸지 않습니다.
가게 아주머니들도 친절하십니다.
그래서 언제나 사람이 많습니다.
지난주에 저는 아내와 같이 동대문시장에 갔습니다.
저는 하얀색 와이셔츠를 샀습니다.
제 아내는 운동화를 샀습니다.
운동화가 값이 싸고 아주 예뻤습니다.

동대문시장　다르다　아주머니　언제나　아내　하얀색　와이셔츠　운동화

1 문장을 읽고 관계가 있는 문장을 연결하십시오.

1) 저는 동대문 근처에서 삽니다.	• •	❶ 제 아내는 예쁜 운동화를 샀습니다.
2) 운동화가 값이 싸고 아주 예뻤습니다.	• •	❷ 집에서 가까운 동대문에 자주 갑니다.
3) 동대문시장은 다른 시장보다 값이 비싸지 않습니다.	• •	❸ 동대문시장은 언제나 사람이 많습니다.

2 맞으면 O, 틀리면 X 하십시오.

1) 이 사람은 동대문시장을 좋아합니다. ( )
2) 동대문시장에 있는 가게 아주머니들이 친절하십니다. ( )
3) 이 사람의 아내는 이번 주에 운동화를 샀습니다. ( )

3 질문을 읽고 알맞은 대답을 쓰십시오.

1) 동대문시장은 물건이 어떻습니까?
물건이 ______________________
값도 ______________________
2) 이 사람 아내는 왜 동대문시장에서 운동화를 샀습니까?
운동화가 ______________________ 샀습니다.

V. 따라해 봅시다

- 짧아요 [짤바요]
- 얇아요[얄바요]
- 바지가 짧아요.

V. 정리해 봅시다

1. 어디에서 자주 쇼핑합니까?
2. 그곳의 물건이 어떻습니까?

13과 쇼핑

2. 쇼핑

MP3 / 41

• 학습목표: 쇼핑 장소와 단위 명사 관련 내용을 이해할 수 있다.

I. 준비해 봅시다

읽고 맞으면 ○, 틀리면 X 하십시오.

1)  책이 세 권 있습니다. (　　)

2)  바지가 한 벌 있습니다. (　　)

3) 

콘서트 표가 다섯 장 있습니다. (　　)

4) 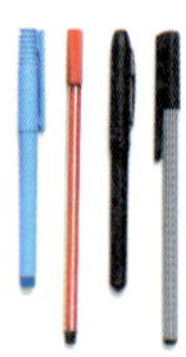 볼펜이 세 자루 있습니다. (　　)

5)  구두가 두 켤레 있습니다. (　　)

권　벌　장　자루　켤레

II. 읽어 봅시다

어제 친구와 같이 명동에 쇼핑을 하러 갔습니다.
명동에 옷 가게가 많았습니다.
친구는 티셔츠와 바지를 샀습니다.
옷값은 두 벌에 75,000원이었습니다.
저는 신발 가게에서 구두를 샀습니다.
구두는 한 켤레에 90,000원이었습니다.
쇼핑을 한 후에 우리는 광화문에 있는 서점에 갔습니다.
저는 서점에서 책을 한 권 샀습니다.
친구는 서점 옆에 있는 가게에서 좋아하는 한국 가수의 시디를 한 장 샀습니다.
피곤했지만 재미있는 하루였습니다.

1 친구는 무엇을 샀습니까? 그림을 보고 번호를 고르십시오. (　　)

1)

2)

3)

4)

2 문장을 읽고 맞으면 O, 틀리면 X 하십시오.

1) 명동에 신발 가게가 많았습니다. (　　)
2) 서점에서 물건을 산 후에 명동에 갔습니다. (　　)
3) 저는 구두와 책을 샀습니다. (　　)

3 질문을 읽고 알맞은 대답을 쓰십시오.

1) 친구가 산 옷값은 모두 얼마입니까? (　　)

① 칠만 오천 원　② 칠만 육천 원　③ 팔만 오천 원　④ 팔만 육천 원

2) 어제는 어땠습니까?

어제는 ____________________

만　신발　광화문　시디(CD)

III. 들어 봅시다

1 듣고 알맞은 것에 ✔하십시오.

1) 

❶ (　　) ❷ (　　)

2) 

❶ (　　) ❷ (　　)

3) 

❶ (　　) ❷ (　　)

4) 

❶ (　　) ❷ (　　)

2 듣고 알맞은 것에 ✔하십시오.

1) 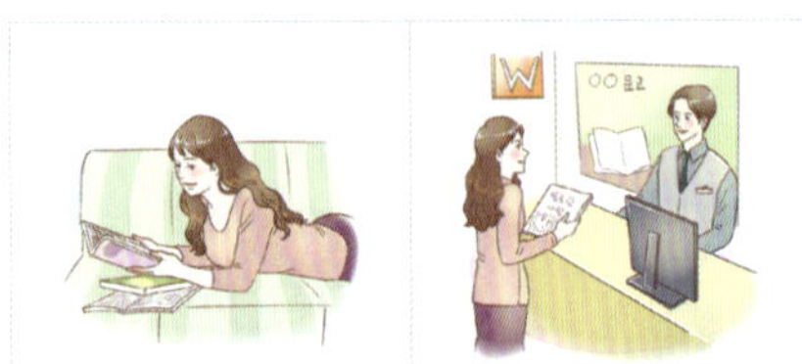

❶ (　　) ❷ (　　)

2) 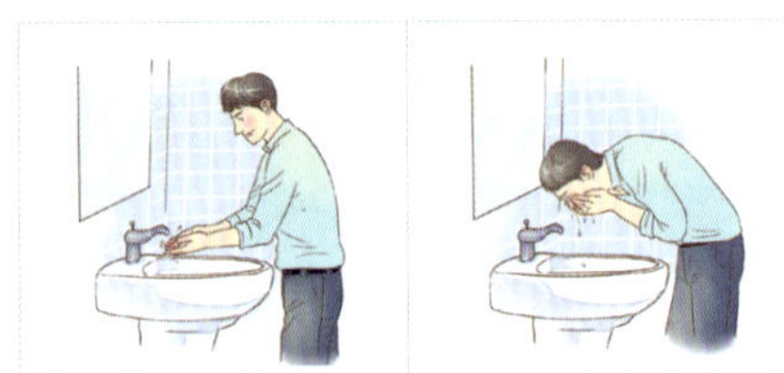

❶ (　　) ❷ (　　)

3) 

❶ (　　) ❷ (　　)

4) 

❶ (　　) ❷ (　　)

[3-4] 대화를 듣고 질문에 답하십시오.

3 맞으면 O, 틀리면 X 하십시오.

1) 신촌에 자주 쇼핑하러 갑니다. (　　)

2) 홍대 앞에서 양말을 샀습니다. (　　)

3) 양말은 네 켤레에 만 원입니다. (　　)

양말

4 대화를 완성하십시오.

가: 쇼핑하러 자주 ________________ 어디예요?
나: 저는 홍대 앞에 자주 가요.
가: 저도 이 양말을 홍대 앞에서 샀어요. ____________ 만 원이에요.
나: 양말이 아주 예뻐요.

[5-6] 대화를 듣고 질문에 답하십시오.

5 질문에 답하십시오.

1) 여기는 어디입니까? (   )
   ① 양말 가게　② 신발 가게　③ 가방 가게　④ 한복 가게
2) 한복을 빌리는 값은 한 시간에 얼마입니까?
   ____

6 대화를 완성하십시오.

가: 한복을 빌리고 싶어요.
나: 여기 예쁜 한복이 많이 있어요. 구경하세요.
가: ________________
나: 한 시간에 만 원이에요. 세 시간에는 이만 오천 원이에요.
가: ________________ 어떤 거예요?
나: 여자들은 이 노란색 한복을 많이 입어요.

V. 따라해 봅시다

- 재미있는 [재미인는]
- 있는 [인는]
- 피곤했지만 재미있는 하루였습니다.

V. 정리해 봅시다

1. 자주 쇼핑을 하는 물건이 무엇입니까?
2. 그 물건값은 보통 얼마입니까?

한복

14과 생일

1. 생일 선물

MP3 / 42

• 학습목표: 생일 선물을 준비하는 내용을 이해할 수 있다.

Ⅰ. 준비해 봅시다

듣고 알맞은 것을 연결하십시오.

1) 2) 3) 4)

Ⅱ. 읽어 봅시다

어제는 제 남자 친구의 생일이었습니다.
남자 친구에게 줄 선물을 사러 백화점에 갔습니다.
저는 남자 물건을 파는 백화점 3층을 구경했습니다.
좋은 남자 옷이 많았지만 조금 비쌌습니다.
제 남자 친구는 회사원이어서 날마다 넥타이를 합니다.
그래서 넥타이를 샀습니다.
그리고 백화점 지하에 있는 빵집에 갔습니다.
거기에서 예쁜 케이크도 샀습니다.
저녁에 남자 친구에게 선물을 주었습니다.
남자 친구가 아주 좋아했습니다.

생일 선물 소설책 상품권 액세서리 팔다 넥타이

1 이 사람은 어제 무엇을 했습니까? 순서대로 쓰십시오.

❶ 백화점 3층을 구경했습니다.
❷ 케이크를 샀습니다.
❸ 백화점에 있는 빵집에 갔습니다.
❹ 넥타이를 샀습니다.
❺ 선물을 사러 백화점에 갔습니다

(❺) → (　　) → (　　) → (　　) → (　　)

2 문장을 읽고 맞으면 O, 틀리면 X 하십시오.

1) 백화점 3층에는 남자 물건이 있었습니다. (　　)
2) 비싸지만 좋은 남자 옷을 샀습니다. (　　)
3) 남자 친구는 회사에서 일합니다. (　　)

3 질문을 읽고 알맞은 대답을 쓰십시오.

1) 이 사람은 누구에게 줄 선물을 샀습니까?
이 사람은 ______________
2) 이 사람은 선물을 사러 어디에 갔습니까?
이 사람은 ______________

III. 들어 봅시다

1 문장을 듣고 맞는 것에 ✔하십시오.

1)

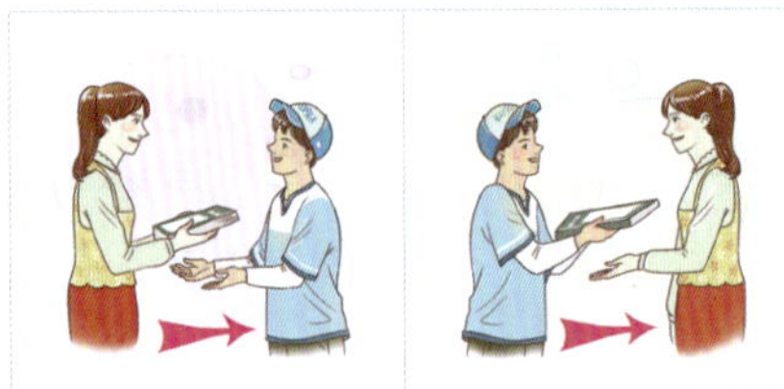

❶ ( ) ❷ ( )

2)

❶ ( ) ❷ ( )

3)

❶ ( ) ❷ ( )

4)

❶ ( ) ❷ ( )

2 대화를 듣고 맞으면 ○, 틀리면 X 하십시오.

1) ( ) 2) ( ) 3) ( ) 4) ( )

[3-4] 대화를 듣고 질문에 답하십시오.

3 맞으면 ○, 틀리면 X 하십시오.

1) 두 사람은 같이 선물을 준비했어요. ( )

2) 두 사람은 액세서리를 살 거예요. ( )

3) 윤아 씨에게 선물을 줄 거예요. ( )

준비하다

4 대화를 완성하십시오.

가: ______ 줄 선물을 준비했어요?
나: 아니요, 준비하지 못했어요. 같이 살까요?
가: 좋아요. 무엇을 살까요?
나: 여자들이 좋아하는 ______ 삽시다.

[5-6] 대화를 듣고 질문에 답하십시오.

5 질문에 답하십시오.

1) 리타오 씨는 무엇을 살 거예요? (　　　)
   ❶ 액세서리　❷ 화장품　❸ 인형　❹ 옷

2) 리타오 씨는 누구에게 선물할 거예요?
   리타오 씨는 ______

6 대화를 완성하십시오.

가: 리타오 씨, 오늘 뭘 할 거예요?
나: ______ 명동에 갈 거예요.
가: 무엇을 살 거예요?
나: 화장품을 살 거예요. ______
가: 저도 옷을 사러 명동에 갈 거예요. 같이 갈까요?
나: 좋아요. 노라 씨, 저는 여자 화장품을 잘 모르니까 도와주세요.

Ⅳ. 따라해 봅시다

- 백화점에[배콰저메]
- 서점에[서저메]
- 남자 친구에게 줄 선물을 사러 백화점에 갔습니다.

Ⅴ. 정리해 봅시다

1. 생일에 무슨 선물을 받고 싶어요?　2. 가족에게 무엇을 선물할 거예요?

화장품

14과 생일

2. 생일 파티

MP3 / 43

• 학습목표: 생일 파티를 준비하는 내용을 이해할 수 있다.

Ⅰ. 준비해 봅시다

듣고 맞으면 ○, 틀리면 X 하십시오.

1) (   )

2) (   )

3) (   )

4) (   )

Ⅱ. 읽어 봅시다

5월 29일
오늘은 존 씨 생일이었습니다.
저와 친구들은 오후에 선물을 고르고 카드를 썼습니다.
존 씨가 좋아하는 치즈 케이크도 샀습니다.
저녁에 식당에서 생일파티를 했습니다.
생일 파티에 우리 반 친구들이 모두 왔습니다.
우리는 연습한 생일 축하 노래를 불렀습니다.
존 씨에게 선물과 우리가 쓴 카드를 줬습니다.
존 씨는 우리가 고른 선물을 좋아했습니다.
우리는 케이크를 먹고 재미있는 이야기도 많이 했습니다.

케이크 자르다 고르다 카드를 쓰다 치즈 생일 축하 노래 생일 파티 연습하다

1 우리는 오늘 무엇을 했습니다까? 순서대로 쓰십시오.

❶ 치즈 케이크를 샀습니다.
❷ 카드를 썼습니다.
❸ 케이크를 먹고 이야기를 했습니다.
❹ 선물을 골랐습니다.
❺ 생일 축하 노래를 불렀습니다.
❻ 선물과 카드를 줬습니다.

(❹) → ( ) → ( ) → ( ) → ( ) → ( )

2 문장을 읽고 맞으면 O, 틀리면 X 하십시오.

1) 존 씨의 생일은 어제였습니다. ( )
2) 우리는 생일 축하 노래를 불렀습니다. ( )
3) 파티에 반 친구들이 모두 왔습니다. ( )

3 질문을 읽고 알맞은 대답을 쓰십시오.

1) 우리는 왜 치즈 케이크를 샀습니까?
존 씨가 ______________________

2) 존 씨는 무엇을 좋아했습니까?
존 씨는 ______________________

III. 들어 봅시다

1 문장을 듣고 맞는 번호를 쓰십시오.

1) 마이클: ________ 2) 웨이: ________ 3) 리에: ________ 4) 제인: ________

2 대화를 듣고 맞는 것을 고르십시오.

1)

❶ (   ) ❷ (   )

2)

❶ (   ) ❷ (   )

3)

❶ (   ) ❷ (   )

4)

❶ (   ) ❷ (   )

[3-4] 대화를 듣고 질문에 답하십시오.

3 맞으면 O, 틀리면 X 하십시오.

1) 친구들이 생일 선물을 준비했습니다. ( )
2) 노라 씨가 고른 가방을 선물했습니다. ( )
3) 가방이 무겁지만 예쁩니다. ( )

4 대화를 완성하십시오.

가: 존 씨, 우리가 ________ 생일 선물이에요.
나: 고마워요. 누가 고른 가방이에요?
가: 노라 씨가 ________
나: 가방이 가볍고 좋아요.

[5-6] 대화를 듣고 질문에 답하십시오.

5 질문에 답하십시오.

1) 어제는 누구의 생일이었습니까? ( )
① 존 ② 유키 ③ 윤아 ④ 리타오
2) 리타오 씨에게 준 선물은 누가 골랐습니까?
____

6 대화를 완성하십시오.

가: 어제 리타오 씨 생일 파티가 정말 재미있었어요.
나: 우리가 파티 준비를 많이 했어요.
가: 어제 먹은 케이크가 아주 맛있었어요. 어디에서 샀어요?
나: ________ 빵집에서 샀어요.
가: 아, 그래요? 어제 리타오 씨에게 ________
나: 유키 씨가 골랐어요.

Ⅳ. 따라해 봅시다

- 축하[추카]
- 국화[구콰]
- 생일 축하 노래를 불렀습니다.

Ⅴ. 정리해 봅시다

1. 생일 파티에서는 무엇을 합니까?
2. 친구 생일에 무엇을 했습니까?

1 다음을 읽고 질문에 답하십시오.

어제는 여자 친구 생일이었습니다.
(㉮) 여자 친구에게 줄 선물을 사러 갔습니다.
먼저 학교 근처에 있는 꽃집에 갔습니다.
꽃집에는 예쁜 꽃이 많았습니다.
저는 빨간색 장미꽃을 골랐습니다.
장미꽃은 한 송이에 이천 원이었습니다. 스무 송이를 샀습니다.
(㉯) 빵집에 갔습니다.
여자 친구가 좋아하는 딸기 케이크를 샀습니다.
꽃과 케이크를 산 후에 여자 친구를 만나러 갔습니다.
준비한 꽃과 케이크를 여자 친구에게 주었습니다.
여자 친구가 좋아해서 저도 기분이 아주 좋았습니다.

1) 무엇을 했습니까? 순서대로 쓰십시오.

① 꽃을 샀습니다. ② 여자 친구를 만났습니다.
③ 케이크를 샀습니다. ④ 준비한 것을 여자 친구에게 주었습니다.

( ) → ( ) → ( ) → ( )

2) 이 글의 내용과 다른 것을 고르십시오. ( )

① 학교에서 가까운 곳에 꽃집이 있습니다.
② 꽃집에는 꽃이 많았습니다.
③ 빨간색 장미꽃을 골랐습니다.
④ 어제 여자 친구와 케이크를 먹었습니다.

3) 빈 칸에 알맞은 것을 보기에서 골라 쓰십시오.

보기

그리고 그래서 그렇지만

㉮ ( ) ㉯ ( )

빨간색 노란색 딸기 기분

2 대화를 듣고 대답하십시오.

1) 두 사람은 지금 어디에서 이야기합니까? (　　)

① 학교　② 꽃집　③ 빵 가게　④ 백화점

2) 대화의 내용과 같은 것을 고르십시오. (　　)

① 남자는 빨간색 장미꽃을 좋아해요.
② 노란색 장미꽃이 빨간색보다 예뻐요.
③ 남자는 여자 친구에게 꽃을 줄 거예요.
④ 여자 친구는 노란색 장미꽃을 아주 좋아해요.

문화

화폐

*사진 및 출처: 한국은행

한국의 화폐 단위는 원(won, ₩)입니다. 한국의 화폐에는 4종의 지폐와 6종의 동전이 있습니다. 지폐는 **일천원권**, **오천원권**, **일만원권**, **오만원권**이 있습니다. 동전은 **1원**, **5원**, **10원**, **50원**, **100원**, **500원**짜리가 있습니다. 한국은행 화폐박물관에 가면 옛날부터 지금까지 사용한 여러 가지 한국의 화폐를 볼 수 있어서 재미있습니다.

15과 전화

1. 전화번호

MP3 / 45

• 학습목표: 전화번호 관련 내용을 이해할 수 있다.

Ⅰ. 준비해 봅시다

듣고 알맞은 것을 연결하십시오.

1) 2) 3) 4)

❶ 휴대전화 ❷ 국가 번호 ❸ 전화번호 ❹ 지역 번호

Ⅱ. 읽어 봅시다

올리비아 씨는 대사관에서 일합니다.
내일은 일이 많아서 학교에 가지 못합니다.
올리비아 씨는 선생님에게 전화를 하고
싶지만 선생님 전화번호를 모릅니다.
그래서 에릭 씨에게 전화합니다.

올리비아: 여보세요, 에릭 씨예요? 저는 올리비아예요.

에　　릭: 안녕하세요? 올리비아 씨, 무슨 일이에요?

올리비아: 에릭 씨, 김 선생님 전화번호를 알지요?
김 선생님 전화번호 좀 가르쳐 주세요.

에　　릭: 네, 잠깐만요. 010-2123-6587이에요.

올리비아: 고마워요, 에릭 씨.

국가 번호　전화번호　지역 번호　전화를 하다　여보세요　알다　잠깐만요

1 이야기의 순서대로 문장의 번호를 쓰십시오.

❶ 올리비아 씨는 내일 학교에 가지 못합니다.

❷ 에릭 씨가 김 선생님 전화번호를 가르쳐 줍니다.

❸ 에릭 씨에게 김 선생님 전화번호를 묻습니다.

❹ 김 선생님께 전화하고 싶지만 전화번호를 모릅니다.

❺ 학교에 가지 못하니까 김 선생님께 말하고 싶습니다.

❻ 올리비아 씨는 김 선생님께 전화합니다.

(❶) → ( ) → ( ) → ( ) → ( ) → (❻)

2 맞으면 O, 틀리면 X 하십시오.

1) 올리비아 씨는 회사원입니다. ( )

2) 올리비아 씨는 선생님께 전화하고 싶어 합니다. ( )

3) 에릭 씨는 김 선생님 전화번호를 압니다. ( )

3 질문을 읽고 알맞은 대답을 쓰십시오.

1) 올리비아 씨는 내일 왜 학교에 가지 못합니까?

올리비아 씨는 ______ 내일 학교에 가지 못합니다.

2) 올리비아 씨는 왜 에릭 씨에게 전화를 합니까?

올리비아 씨는 ______ 에릭 씨에게 전화를 합니다.

15-1

III. 들어 봅시다

1 문장을 듣고 맞는 것에 ✔하십시오.

1)

❶ (　　　)　❷ (　　　)

2)

❶ (　　　)　❷ (　　　)

3)

❶ (　　　)　❷ (　　　)

4)

❶ (　　　)　❷ (　　　)

2 대화를 듣고 관계가 있는 것에 ✔하십시오.

1) ☐ 옷　☐ 날씨　　2) ☐ 김치찌개　☐ 삼계탕

3) ☐ 영화　☐ 시험　　4) ☐ 도서관　☐ 학생회관

[3-4] 대화를 듣고 질문에 답하십시오.

3 맞으면 O, 틀리면 X 하십시오.

1) 하늘 씨는 휴대전화가 없어요. (　　　)
2) 주앙 씨는 오늘 휴대전화를 사러 갈 거예요. (　　　)
3) 주앙 씨는 하늘 씨에게 내일 전화번호를 말해 줄 거예요. (　　　)

4 대화를 완성하십시오.

가: 하늘 씨, 전화번호가 몇 번이에요?
나: 제 전화번호는 ________ - ________ - ________ 이에요/예요.
　　주앙 씨도 휴대전화가 있지요? 전화번호가 몇 번이에요?
가: 저는 지금 전화가 없어요.
　　오늘 수업이 끝난 후에 사러 갈 거예요.
나: 그럼 내일 ____________________

[5-6] 대화를 듣고 질문에 답하십시오.

5 질문에 답하십시오.

1) 여자의 전화번호는 몇 번입니까? (　　　)

① 010-5019-0727　② 010-5029-0717

③ 010-6019-0727　④ 010-6029-0717

2) 여자는 휴대전화를 산 후에 무엇을 하고 싶어 합니까?

여자는 ________________

6 대화를 완성하십시오.

가: 존 씨, 이것이 제가 어제 산 휴대전화예요.

나: 아, 그래요? 좀 ________________
전화번호가 몇 번이에요?

가: 제 번호는 ______-______-______이에요/예요. 제 전화가 예쁘지요?

나: 네, 아주 예뻐요. 휴대전화가 있으니까 무엇을 하고 싶어요?

가: 사진을 많이 찍고 싶어요.
존 씨도 휴대전화가 있지요? 존 씨는 무엇을 많이 해요?

나: 저는 게임을 자주 해요.

V. 따라해 봅시다

- 많아서 [마나서]
- 않아서[아나서]
- 내일은 일이 많아서 학교에 가지 못합니다.

V. 정리해 봅시다

1. 전화번호가 몇 번입니까?
2. 누구에게 전화를 자주 합니까?

보여 주다　이제

15과 전화

2. 전화

MP3 / 46

• 학습목표: 전화 관련 내용을 이해할 수 있다.

Ⅰ. 준비해 봅시다

듣고 알맞은 것을 연결하십시오.

1) • •
2) • •
3) • •
4) • •

Ⅱ. 읽어 봅시다

오후에 제인 씨에게서 전화가 왔습니다.
에릭 씨는 회의 중이어서 전화를 받지 못했습니다.
회의가 끝나고 제인 씨에게 전화를 걸었습니다.
제인 씨가 전화를 받았습니다.

에릭: 제인 씨, 무슨 일이 있어요?

제인: 네, 제가 주말에 일이 있어요. 약속 시간을 바꿀 수 있어요?

에릭: 그래요? 그럼 언제가 좋아요?

제인: 다음 주 금요일 오후 7시는 어때요?

에릭: 네, 좋아요.

제인: 약속 시간을 바꿔 줘서 고마워요.

에릭: 그럼 우리 다음 주 금요일 오후 7시에 만나요.

전화가 오다　회의 중　전화를 받다　전화를 걸다　바꾸다

1 위 글과 관계있는 것을 고르십시오. (　　)

① 약속 장소를 바꾸고 싶어요. 시간 있으면 전화해 주세요.

② 수업 중이에요. 전화를 받을 수 없어요. 다시 전화해 주세요.

③ 다른 약속이 있어서 금요일 7시에 만날 수 없어요. 미안해요.

④ 제가 일이 있어요. 다음 주 금요일 오후 7시로 약속 시간을 바꿔 주세요.

2 맞으면 O, 틀리면 X 하십시오.

1) 제인 씨는 에릭 씨의 전화를 받았습니다. (　　)
2) 에릭 씨는 회의 중에 전화를 걸었습니다. (　　)
3) 두 사람은 토요일에 만납니다. (　　)

3 질문을 읽고 알맞은 대답을 쓰십시오.

1) 제인 씨는 왜 약속 시간을 바꾸고 싶어 합니까?
______ 약속 시간을 바꾸고 싶어 합니다.

2) 두 사람은 몇 시에 만납니까?
다음 주 금요일 ______에 만납니다.

Ⅲ. 들어 봅시다

1 문장을 듣고 관계가 있는 것과 연결하십시오.

1) • • ❶ 

2) • • ❷ 

3) • • ❸ 

4) • • ❹ 

2 문장을 듣고 맞는 것에 ✔하십시오.

1) 

❶ (　　　)　❷ (　　　)

2) 

❶ (　　　)　❷ (　　　)

3) 

❶ (　　　)　❷ (　　　)

4) 

❶ (　　　)　❷ (　　　)

[3-4] 대화를 듣고 질문에 답하십시오.

3 맞으면 O, 틀리면 X 하십시오.

1) 윤아 씨가 주앙 씨에게 전화를 걸었습니다. (　　　)

2) 주앙 씨는 선생님에게서 연락을 받았습니다. (　　　)

3) 선생님이 일이 있어서 등산을 가지 못합니다. (　　　)

4 대화를 완성하십시오.

가: 여보세요? 주앙 씨, 저 윤아예요.
_______________ 연락을 받았어요?
나: 아니요, 연락을 받지 못했어요. 무슨 일이에요?
가: 선생님이 내일 일이 있어서 _______________
나: 그래요? 그럼 다음에 같이 가요.

[5-6] 대화를 듣고 질문에 답하십시오.

5 질문에 답하십시오.

1) 이 남자는 누구에게 전화를 했습니까? (　　　)
❶ 반 친구　❷ 회사 친구　❸ 고향 친구　❹ 기숙사 친구

2) 약속 장소는 어디입니까?
____

6 대화를 완성하십시오.

가: 윤아 씨, 지금 _______________
나: 네, 괜찮아요.
가: _______________
나: 아니요, 받지 못했어요.
가: 내일 오후 6시에 우리 반 친구들이 신촌백화점 앞에서 만나요.
같이 저녁을 먹을 거예요.
나: 네, 그럼 내일 만나요.

V. 따라해 봅시다

- 연락 [열락]
- 신라 [실라]
- 선생님에게서 연락을 받았어요?

V. 정리해 봅시다

1. 누구한테서 문자메시지가 자주 옵니까?
2. 한국말로 전화를 할 수 있습니까?

연락을 받다

16과 교통

1. 교통

MP3 / 47

• 학습목표: 교통수단과 소요 시간 관련 내용을 이해할 수 있다.

Ⅰ. 준비해 봅시다

읽고 알맞은 것을 연결하십시오.

1) 저는 공항에 지하철을 타고 가요. • • ❶ 

2) 저는 주말에 공원에서 자전거를 타요. • • ❷ 

3) 저는 제주도에 비행기를 타고 가요. • • ❸ 

4) 저는 가끔 택시를 타고 회사에 가요. • • ❹ 

Ⅱ. 들어 봅시다

1 대화를 듣고 맞는 것에 ✔하십시오.

1) 

❶ (　　　) ❷ (　　　)

2) 

❶ (　　　) ❷ (　　　)

3) 

❶ (　　　) ❷ (　　　)

4) 

❶ (　　　) ❷ (　　　)

교통　공항　지하철　자전거　비행기　택시　인터넷　젓가락　편지　종이

2 대화를 듣고 맞으면 O, 틀리면 X 하십시오.

1)

OO 고속	서울	→	전주
출발일	출발 시간	도착 시간	좌석 번호
2019. 3. 23(토)	09:30	12:00	15

( )

2)

OO 고속	강릉	→	서울
출발일	출발 시간	도착 시간	좌석 번호
2018. 10. 17(수)	15:00	17:40	02

( )

3)

2018년 1월 13일(일)			
KTX 129	15호차 5A	일반실	요금 36,200
대전(06:10)	→	부산(07:50)	

( )

4)

2019년 6월 6일(목)			
KTX 158	8호차 11D	일반실	요금 59,800
부산(15:20)	→	서울(17:50)	

( )

[3-4] 대화를 듣고 질문에 답하십시오.

3 맞으면 O, 틀리면 X 하십시오.

1) 두 사람은 택시를 타고 갔어요. ( )
2) 이 시간에는 택시보다 지하철이 빨라요. ( )
3) 약속 장소까지 20분 걸려요. ( )

4 대화를 완성하십시오.

가: 늦었는데 택시를 타고 갈까요?
나: 아니요, 이 시간에는 교통이 복잡해요.
가: 그럼 뭘 타고 갈까요?
나: ________ 갑시다. 약속 장소까지 ________ 걸려요.

고속버스 기차 전주 강릉 대전 KTX 장소 공항버스

[5-6] 대화를 듣고 질문에 답하십시오.

5 질문에 답하십시오.

1) 흐엉 씨는 무엇을 탈 거예요? (   )

① 기차 ② 비행기 ③ 고속버스 ④ 공항버스

2) 흐엉 씨는 방학에 무엇을 할 거예요?

흐엉 씨는 ______________________

6 대화를 완성하십시오.

가: 흐엉 씨, 방학에 뭘 할 거예요?

나: 부모님과 같이 부산에 갈 거예요.

가: ______________________ 비행기로 갈 거예요?

나: 비행기를 타고 갈 거예요.

가: 얼마나 걸려요?

나: ______________________

III. 읽어 봅시다

저는 강남에서 아르바이트를 합니다.
날마다 수업이 끝나고 아르바이트를 하러 갑니다.
보통 버스나 지하철로 갑니다.
오늘은 친구들과 같이 점심을 먹고 시험공부를 했습니다.

아르바이트 시간에 조금 늦어서 택시로 갔습니다.
학교에서 강남까지 택시로 40분쯤 걸렸습니다.
택시는 버스보다 조금 비쌌지만 빠르고 편했습니다.
택시 운전기사 아저씨와 한국말로 이야기했습니다.
조금 어려웠지만 재미있었습니다.
한국말로 이야기할 수 있어서 기분이 좋았습니다.

늦다 시험공부 편하다 운전기사

1 저는 오늘 무엇을 했습니까? 순서대로 쓰십시오.

❶ 수업을 들었습니다. ❷ 강남에 갔습니다.
❸ 점심을 먹었습니다. ❹ 시험공부를 했습니다.

(❶) → ( ) → ( ) → ( )

2 문장을 읽고 맞으면 O, 틀리면 X 하십시오.

1) 오늘 점심을 먹고 공부를 했습니다. ( )
2) 오늘은 버스로 강남에 갔습니다. ( )
3) 택시는 빠르고 편했습니다. ( )

3 질문을 읽고 알맞은 대답을 쓰십시오.

1) 학교에서 강남까지 얼마나 걸렸습니까?
학교에서 강남까지 ______
2) 왜 기분이 좋았습니까?
______ 기분이 좋았습니다.

IV. 따라해 봅시다

- 늦어서[느저서] • 젖어서[저저서]
- 조금 늦어서 택시로 갔습니다.

V. 정리해 봅시다

1. 무엇을 자주 타요?
2. 집에서 학교까지 얼마나 걸려요?

16과 교통

2. 공항버스

MP3 / 48

• 학습목표: 교통수단을 이용하는 내용을 이해할 수 있다.

I. 준비해 봅시다

읽고 관계있는 것과 연결하십시오.

1) 비행기를 탑니다.	① 정류장
2) 버스를 기다립니다.	② 기차역
3) 기차에서 내립니다.	③ 공항

II. 읽어 봅시다

9월 20일 월요일
저는 오늘 수업이 끝난 후에 친구를
만나러 공항에 갔습니다.
저는 공항까지 공항 철도로 갔습니다.
홍대입구역에서 공항 철도를 탔습니다.
공항 철도는 빠르고 깨끗해서 아주 좋았습니다.
공항에서 친구를 만났습니다.
친구는 조금 늦게 도착했습니다.
친구 가방이 아주 크고 무거웠습니다.
공항에서 역까지 많이 걸어야 해서
우리는 공항 버스를 탔습니다.
버스는 15분마다 있었습니다.
버스는 공항 철도보다 조금 비쌌지만 편했습니다.

정류장　기차역　공항 철도

1 읽고 알맞은 것을 고르십시오.

❶ 빠릅니다 ❷ 비쌉니다
❸ 깨끗합니다 ❹ 편합니다
❺ 쌉니다 ❻ 더럽습니다

1) 공항버스 (,) 2) 공항철도 (,)

2 문장을 읽고 맞으면 O, 틀리면 X 하십시오.

1) 이 사람은 버스를 타고 공항에 갔습니다. ( )
2) 역에서 공항까지 좀 멀었습니다. ( )
3) 이 사람은 공항에서 조금 기다렸습니다. ( )

3 질문을 읽고 알맞은 대답을 쓰십시오.

1) 이 사람은 왜 공항에 갔습니까?

2) 공항버스는 얼마나 자주 옵니까?

III. 들어 봅시다

1 문장을 듣고 알맞은 것을 연결하십시오.

1) • • 2) • • 3) • • 4) • •

❶

고속버스시간표 (서울→
07:00
07:20
07:40

❷

고속버스시간표 (서울→
07:00
07:30
08:00

❸

고속버스시간표 (서울→
06:50
07:50
08:50

❹

고속버스시간표 (서울→
07:00
07:10
07:20

2 문장을 듣고 맞는 것을 고르십시오.

1)

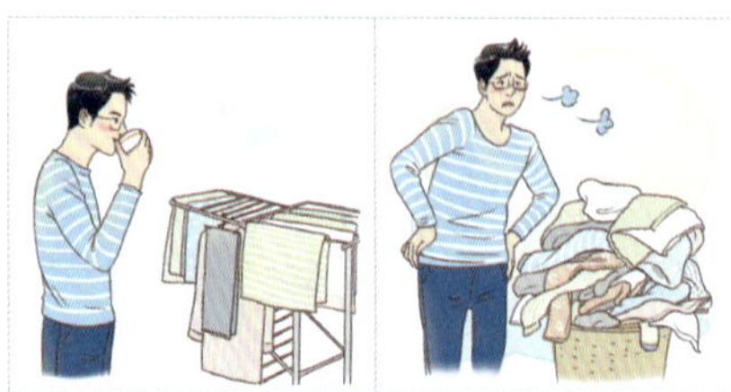

❶ (　　) ❷ (　　)

2)

❶ (　　) ❷ (　　)

3)

❶ (　　) ❷ (　　)

4)

❶ (　　) ❷ (　　)

[3-4] 대화를 듣고 질문에 답하십시오.

3 맞으면 O, 틀리면 X 하십시오.

1) 두 사람은 다음 주에 안동에 갑니다. (　　)

2) 두 사람은 버스를 타고 갑니다. (　　)

3) 버스는 30분마다 있습니다. (　　)

광주　안동　고속버스터미널

4 대화를 완성하십시오.

가: 다음 주에 같이 버스를 타고 안동에 갈까요?
나: 네, 좋아요. 버스는 어디에서 타요?
가: ______________ 에서 타야 해요.
나: 안동에 가는 버스는 몇 분마다 있어요?
가: ______________ 있어요.

[5-6] 대화를 듣고 질문에 답하십시오.

5 질문에 답하십시오.

1) 경주에 가는 기차는 어디에서 타야 합니까? (　　　)

① 신촌역　② 서울역　③ 경주역　④ 용산역

2) 경주에 가는 기차는 몇 시간마다 있습니까?

기차는 ______________

6 대화를 완성하십시오.

가: 하늘 씨, 고향이 경주지요?
나: 네, 맞아요. 왜요?
가: 저도 다음 주에 경주에 가요. 하늘 씨는 경주까지 어떻게 가요?
나: 저는 기차가 편하니까 기차로 가요.
가: 기차는 어디에서 타요?
나: ______________
서울역에서 ______________

Ⅳ. 따라해 봅시다

- 철도[철또]
- 갈대[갈때]
- 저는 공항까지 공항 철도로 갔습니다.

Ⅴ. 정리해 봅시다

1. 한국에서 무엇을 탔어요?
2. 그것을 타고 어디에 갔어요?

경주　맞다

복습

MP3 / 49

1 대화를 듣고 대답하십시오.

1) **전화를 끊고 유키 씨가 할 일로 맞는 것을 고르십시오. (　　)**

❶ 버스표를 예매합니다.
❷ 식당을 예약합니다.
❸ 친구에게 전화합니다.
❹ 피자 가게에 갑니다.

2) **이야기의 내용과 같은 것을 고르십시오. (　　)**

❶ 유키 씨는 지금 상수동에 있습니다.
❷ 유키 씨는 친구와 상수동에 갑니다.
❸ 신촌에서 상수동까지 버스로 10분쯤 걸립니다.
❹ 상수동에 가는 버스는 15분마다 옵니다.

3) **식당의 전화번호가 몇 번입니까? 쓰십시오.**

2 다음을 읽고 질문에 대답하십시오.

유키 씨는 오늘 동생과 같이 상수동 피자 가게에 가고 싶었습니다. 신촌역 근처에서 버스를 탔습니다. 내리는 곳을 몰라서 에릭 씨에게 문자 메시지를 보냈습니다. "에릭 씨, 상수동에 마포07번 버스를 타고 가지요? 어디에서 내려요?"
에릭 씨한테서 문자 메시지가 왔습니다. "상수동 정류장에서 내리세요."
신촌역에서 상수동 정류장까지 버스로 10분쯤 걸렸습니다.
정류장 근처에 에릭 씨가 가르쳐 준 피자 가게가 있었습니다.

상수동　좀²　문자 메시지　보내다　마포

1) **무엇에 대한 이야기입니까? ( )**

❶ 약속 ❷ 버스 정류장 ❸ 유키 씨 동생 ❹ 상수동 식당

2) **읽은 내용과 같은 것은 무엇입니까? ( )**

❶ 유키 씨는 친구와 같이 상수동에 갔습니다.

❷ 유키 씨는 지하철을 타고 상수동에 갔습니다.

❸ 유키 씨는 상수역 정류장에서 내렸습니다.

❹ 에릭 씨는 내리는 곳을 모릅니다.

문화

서울의 대중교통

한국의 대중 교통수단에는 버스와 지하철이 있습니다. 가까운 시내를 돌아다니는 시내 버스와 근교를 이어주는 버스, 그리고 다양한 지하철 노선이 있습니다. 종류에 따라 이용 요금이 다릅니다. 한국은 대중교통 요금이 싼 편입니다. 대중교통을 이용할 때 보통 교통카드를 많이 사용하는데 환승을 할 때 할인을 받을 수 있어서 아주 편리합니다.

17과 길 찾기

1. 이태원

MP3 / 50

• 학습목표: 위치와 방향 관련 내용을 이해할 수 있다.

Ⅰ. 준비해 봅시다

읽고 맞으면 O, 틀리면 X 하십시오.

1) 왼쪽에 도서관이 있습니다. ( )

2) 오른쪽에 학생회관이 있습니다. ( )

3) 기숙사는 이쪽에 있어요. ( )

4) 똑바로 가세요. 정문이 있어요. ( )

Ⅱ. 들어 봅시다

1 문장을 듣고 관계가 있는 것과 연결하십시오.

1) • 2) • 3) • 4) •

①

②

③

④

2 질문을 듣고 대답과 관계가 있는 것에 ✔하십시오.

1) □ 역 □ 공항

2) □ 버스 □ 정류장

3) □ 노래 □ 영화

4) □ 서점 □ 시장

왼쪽 오른쪽 이쪽 똑바로 정문 사거리 어느 쪽

[3-4] 대화를 듣고 질문에 답하십시오.

3 맞으면 ○, 틀리면 X 하십시오.

1) 이 근처에 은행이 있습니다. ( )
2) 사거리에서 우체국까지 5분쯤 걸립니다. ( )
3) 사거리에서 오른쪽으로 가면 은행이 있습니다. ( )

4 대화를 완성하십시오.

가: 실례지만 길 좀 가르쳐 주세요.
나: 어디를 찾으세요?
가: 이 근처에 우체국이 있어요?
나: 네, 저 사거리에서 ______________으로/로 가세요.
______________ 은행 옆에 우체국이 있어요.

[5-6] 대화를 듣고 질문에 답하십시오.

5 질문에 답하십시오.

1) 남자는 왜 가로수길에 가야 합니까? ( )
❶ 약속이 있어서 ❷ 파티가 있어서
❸ 수업이 있어서 ❹ 아르바이트가 있어서

2) 학교에서 가로수길까지 어떻게 갑니까? 알맞은 답을 쓰십시오.
______________을/를 타고 신사역에서 내리세요.
→ ______________에서 똑바로 가면 큰 빵집이 있어요.
→ 그 빵집에서 ______________으로/로 가세요.

실례지만 가로수길 신사역 걸어서

6 대화를 완성하십시오.

가: 윤아 씨, 제가 내일 약속이 있어서 가로수길에 가야 해요.
학교에서 가로수길까지 어떻게 가요?

나: 지하철 3호선을 타고 신사역에서 내리세요.

가: 그럼 신사역에서 내린 후에 어느 쪽으로 가요?

나: 신사역에서 ______________________ 큰 빵집이 있어요.
그 빵집에서 오른쪽으로 가면 가로수길이 있어요.

가: 신사역에서 가로수길까지 얼마나 걸려요?

나: ______________________________

III. 읽어 봅시다

저는 이태원에서 삽니다. 이태원에는 외국 사람들이 많이 삽니다.
그래서 외국 식당도 많고 외국인 학교도 있습니다.
이태원에서 한강 쪽으로 10분쯤 걸으면 용산 가족공원이 있습니다.
공원은 아주 크고 아름답습니다.
결혼사진을 찍는 사람도 볼 수 있습니다.
공원에서 오른쪽으로 50미터쯤 걸으면 국립중앙박물관이 있습니다.
저는 역사를 좋아해서 그곳에 자주 갑니다.
저는 공원과 국립중앙박물관이 가깝고 맛있는 식당도 많은 이태원이 정말 좋습니다.

외국 외국인 용산 가족공원 미터 국립중앙박물관 역사

1 문장을 읽고 관계가 있는 문장을 연결하십시오.

1) 이태원에는 외국 사람들이 많이 삽니다.	•	• ①	국립중앙박물관에 자주 갑니다.
2) 용산 가족공원은 아주 크고 아름답습니다.	•	• ②	외국 식당도 많고 외국인 학교도 있습니다.
3) 저는 역사를 좋아합니다.	•	• ③	저는 이태원을 정말 좋아합니다.
4) 공원과 국립중앙박물관이 가깝고 맛있는 식당들이 많습니다.	•	• ④	결혼사진을 찍는 사람을 볼 수 있습니다.

2 맞으면 O, 틀리면 X 하십시오.

1) 이태원에서 용산 가족공원까지 가깝습니다. ( )
2) 이태원에서 한강까지 걸어서 10분쯤 걸립니다. ( )
3) 국립중앙박물관은 아주 크고 아름답습니다. ( )

3 질문을 읽고 알맞은 대답을 쓰십시오.

1) 용산 가족공원은 어떻습니까?
용산 가족공원은 ____________________
2) 용산 가족공원에서 국립중앙박물관까지 어떻게 갑니까?
공원에서 ____________________ 국립중앙박물관이 있습니다.

IV. 따라해 봅시다

- 국립 [궁닙]
- 독립 [동닙]
- 저는 국립중앙박물관에 자주 갑니다.

V. 정리해 봅시다

1. 서울에서 어디에 가고 싶습니까?
2. 서울 지도를 보십시오. 그곳은 서울 어느 쪽에 있습니까?

17과

길 찾기

2. 길 안내

MP3 / 51

• 학습목표: 길 안내 관련 내용을 이해할 수 있다.

Ⅰ. 준비해 봅시다

듣고 알맞은 것을 연결하십시오.

1) • •
2) • •
3) • •
4) • •

Ⅱ. 읽어 봅시다

오늘 우리 반 친구가 집에 옵니다.
그래서 저는 친구에게 집까지 오는 길을 문자메시지로 가르쳐 주었습니다.

지하철 2호선 신촌역에서 내리세요.
4번 출구로 나와서 마을버스 3번을 타고 서대문우체국 정류장에서 내리세요.
정류장 앞에 있는 횡단보도를 건너서 오른쪽으로 가세요.
자전거 가게가 있습니다.
거기에서 똑바로 가면 식당이 있습니다.
식당에서 왼쪽으로 가면 편의점이 있습니다.
편의점 건너편에 있는 2층집이 우리집입니다.
집을 찾지 못하면 전화하세요.

길 안내 육교 횡단보도 지하도 출구 나오다 마을버스 서대문우체국 건너다 건너편

1 우리집은 어디입니까? 맞는 번호를 고르십시오. (　　)

①

②

③

④

2 문장을 읽고 맞으면 O, 틀리면 X 하십시오.

1) 마을버스 3번을 탑니다. (　　)

2) 서대문우체국 정류장에서 내려서 육교로 건넙니다. (　　)

3) 편의점 옆에 있는 집이 우리집입니다. (　　)

3 질문을 읽고 알맞은 대답을 쓰십시오.

1) 집까지 오는 길을 친구에게 어떻게 가르쳐 줬습니까?

2) 이 사람 집 건너편에 무엇이 있습니까?

III. 들어 봅시다

1 문장을 듣고 빈칸에 알맞은 번호를 보기 에서 고르십시오.

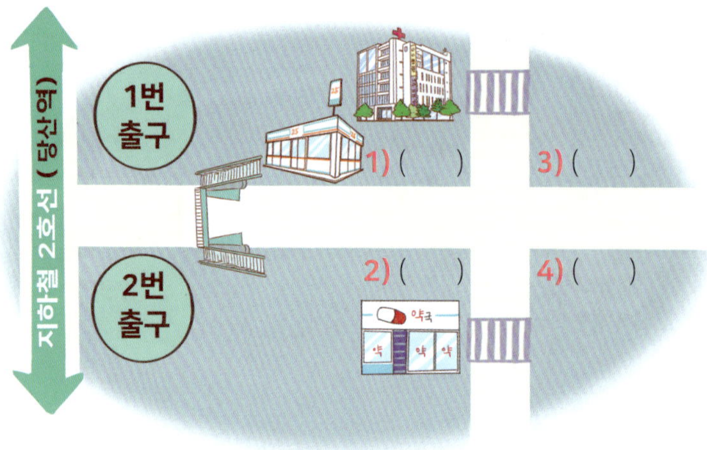

보기

❶ 극장

❷ 우체국

❸ 빵집

❹ 카페

2 두 사람은 무엇에 대해서 이야기하고 있습니까? 관계있는 것에 ✔하십시오.

1) □ 사람 □ 물건

2) □ 장소 □ 시간

3) □ 사람 □ 물건

4) □ 장소 □ 시간

[3-4] 대화를 듣고 질문에 답하십시오.

3 맞으면 O, 틀리면 X 하십시오.

1) 남자는 안경점 앞에 있습니다. (   )

2) 남자가 카페를 찾지 못해서 여자가 길을 가르쳐 줍니다. (   )

3) 두 사람이 만나는 카페는 안경점 옆에 있습니다. (   )

안경점

4 대화를 완성하십시오.

가: 여보세요? 에릭 씨, 지금 어디예요?
나: 지금 ________이에요. 그런데 카페가 어디에 있어요?
가: 안경점 앞에 있는 ________ 왼쪽으로 오세요.
나: 아, 그래요? 조금만 기다려 주세요.

[5-6] 대화를 듣고 질문에 답하십시오.

5 질문에 답하십시오.

1) 이 여자는 어디에 있습니까? (   )
   ① 지하철역 ② 버스 정류장 ③ 택시 정류장 ④ 기차역
2) 횡단보도를 건너서 호텔까지 어떻게 갑니까?
   횡단보도를 건너서 ________

6 대화를 완성하십시오.

가: 여보세요? 시티호텔이지요?
나: 네, 그렇습니다.
가: 여기는 경복궁역입니다. 여기에서 어떻게 가요?
나: ________ 횡단보도를 건너세요.
가: ________
나: 네, 횡단보도를 건너서 청계천 쪽으로 50m쯤 오시면 호텔이 있습니다.

Ⅳ. 따라해 봅시다

- 똑바로 [똑빠로]
- 국방부 [국빵부]
- 똑바로 가면 식당이 있습니다.

Ⅴ. 정리해 봅시다

1. 길을 모르면 어떻게 합니까?
2. 친구에게 한국말로 길을 가르쳐 줄 수 있습니까?

청계천

18과 날씨와 계절

1. 날씨

MP3 / 52

• 학습목표: 날씨 관련 내용을 이해할 수 있다.

Ⅰ. 준비해 봅시다

듣고 알맞은 것을 연결하십시오.

1) •   2) •   3) •   4) •

①

②

③

④

Ⅱ. 읽어 봅시다

어제는 날씨가 아주 흐렸습니다.
바람도 불고 아주 추웠습니다.
오후에는 날씨가 추워서 눈이 많이 왔습니다.
우리 고향에는 눈이 오지 않습니다.
나무와 집이 모두 하얀색이었습니다.
경치가 아주 아름다웠습니다.
아이들이 눈싸움을 하고 눈사람도 만들었습니다.
고향 친구들에게 보내 주고 싶어서 사진을 찍었습니다.
고향 친구들이 이 사진을 보면 아주 좋아할 것 같습니다.
날씨가 추웠지만 기분이 아주 좋았습니다.

흐리다   맑다   바람이 불다   닫다   눈   눈싸움을 하다   눈사람   나무

1 문장을 읽고 관계가 있는 것과 연결하십시오.

1) 날씨가 아주 흐렸습니다. • • ❶ 

2) 나무와 집이 모두 하얀색이었습니다. • • ❷ 

3) 눈싸움을 했습니다. • • ❸ 

4) 기분이 아주 좋았습니다. • • ❹ 

2 문장을 읽고 맞으면 O, 틀리면 X 하십시오.

1) 어제는 날씨가 흐리고 비가 많이 왔습니다. (　　)
2) 나무와 집이 하얀색이어서 아름다웠습니다. (　　)
3) 이 사람 고향에 눈이 많이 왔습니다. (　　)

3 질문을 읽고 알맞은 대답을 쓰십시오.

1) 경치가 어땠습니까?

____

2) 이 사람은 왜 사진을 찍었습니까?

이 사람은 ______________ 사진을 찍었습니다.

III. 들어 봅시다

1 문장을 듣고 알맞은 것을 고르십시오.

1) 요코 (　　　)　2) 샤오밍 (　　　)　3) 리에 (　　　)　4) 빌리 (　　　)

2 대화를 듣고 알맞은 것을 연결하십시오.

1)　2)　3)　4)

[3-4] 대화를 듣고 질문에 답하십시오.

3 맞으면 O, 틀리면 X 하십시오.

1) 두 사람은 사진을 보고 이야기를 합니다. (　　　)
2) 두 사람은 방학에 러시아에 갈 거예요. (　　　)
3) 러시아는 눈이 많이 오고 춥습니다. (　　　)

꽃이 피다　모스크바

4 대화를 완성하십시오.

가: 여기가 어디예요? 경치가 ______

나: 러시아 모스크바 사진이에요. 이번 방학에 가족과 같이 갈 거예요.

가: 날씨가 ______

나: 네, 러시아는 눈이 많이 오고 추워요. 그래서 두꺼운 옷과 모자를 준비할 거예요.

[5-6] 대화를 듣고 질문에 답하십시오.

5 질문에 답하십시오.

1) 요즘 아침과 저녁 날씨가 어떻습니까? (　　　)

① 덥다　② 춥다　③ 따뜻하다　④ 선선하다

2) 오늘 오후 날씨가 어떨 것 같습니까?

오늘 오후 날씨가 ______

6 대화를 완성하십시오.

가: 요즘 아침과 저녁에는 선선하지요?

나: 네, ______

가: 지난달은 정말 더웠어요. 날씨가 더워서 ______

나: 오늘도 오후에는 조금 더울 것 같아요.

가: 네, 그렇지만 다음 주부터는 오후에도 선선할 것 같아요.

나: 그래요? 그럼 저녁에 시간이 있으면 같이 운동합시다.

Ⅳ. 따라해 봅시다

- 같습니다[갇씀니다]
- 맙습니다[맏씀니다]
- 아주 좋아할 것 같습니다.

Ⅴ. 정리해 봅시다

1. 요즘 한국 날씨가 어떻습니까?
2. 고향 날씨가 어떻습니까?

선선하다

18과 날씨와 계절

2. 사계절

MP3 / 53

• 학습목표: 계절 활동 관련 내용을 이해할 수 있다.

Ⅰ. 준비해 봅시다

듣고 관계 있는 것과 연결하십시오.

1) 2) 3) 4)

❶ 봄 ❷ 여름 ❸ 가을 ❹ 겨울

Ⅱ. 읽어 봅시다

한국에는 봄, 여름, 가을, 겨울 사계절이 있습니다.
저는 봄과 가을을 좋아합니다.
한국의 봄은 3월부터 5월까지입니다.
봄에는 예쁜 꽃이 많이 핍니다.
그래서 사람들은 산과 공원으로 소풍을 갑니다.
9월부터 11월까지는 가을입니다.
가을에는 날씨가 좋아서 사람들이 등산을 많이 합니다.
산에 단풍이 들면 아주 아름답습니다.
사람들은 등산을 하면서 단풍 구경을 합니다.
한국은 봄과 가을이 아름다운 것 같습니다.

1 읽고 알맞은 것을 고르십시오.

❶ 3월부터 5월까지입니다. ❷ 날씨가 좋습니다.
❸ 꽃이 핍니다. ❹ 산에 단풍이 듭니다.
❺ 등산을 많이 합니다. ❻ 소풍을 갑니다.

1) 봄 (, ,) 2) 가을 (, ,)

봄 가을 해수욕장에 가다 단풍 소풍을 가다 사계절 단풍이 들다

2 문장을 읽고 맞으면 O, 틀리면 X 하십시오.

1) 한국에는 사계절이 있습니다. (　　)

2) 이 사람은 봄과 가을을 좋아합니다. (　　)

3) 사람들은 봄에 산과 공원으로 단풍 구경을 갑니다. (　　)

3 질문을 읽고 알맞은 대답을 쓰십시오.

1) 봄에는 무엇이 많습니까?

2) 사람들은 어디에서 단풍 구경을 합니까?

III. 들어 봅시다

1 문장을 듣고 알맞은 것을 고르십시오.

1) 크리스 (　　)　2) 루크 (　　)　3) 밍밍 (　　)　4) 리에 (　　)

춤을 추다

2 대화를 듣고 맞는 것을 연결하십시오.

1) • •
2) • •
3) • •
4) • •

[3-4] 대화를 듣고 질문에 답하십시오.

3 맞으면 O, 틀리면 X 하십시오.

1) 어제 비가 많이 왔습니다. (　　)

2) 일본은 여름에 비가 많이 옵니다. (　　)

3) 유키는 비가 오는 날은 집에서 맛있는 음식을 먹습니다. (　　)

4 대화를 완성하십시오.

가: 밖에 비가 많이 오는군요.

나: 한국도 여름에 비가 많이 ____________
일본도 여름에 비가 많이 와요.

가: 유키 씨는 비가 많이 오는 날 집에서 보통 뭘 해요?

나: 저는 보통 맛있는 음식을 ____________ 영화를 봐요.

글쎄요

[5-6] 대화를 듣고 질문에 답하십시오.

5 질문에 답하십시오.

1) 두 사람의 이야기와 다른 것은 무엇입니까? (　　　)

❶ 지금 밖에 눈이 옵니다.

❷ 흐엉 씨 고향에 눈이 오지 않습니다.

❸ 두 사람은 수업이 끝나고 눈사람을 만듭니다.

❹ 두 사람은 수업이 끝나고 먼저 식당에 갑니다.

2) 흐엉 씨와 에릭 씨는 수업이 끝나고 무엇을 할 겁니까?

____

6 대화를 완성하십시오.

가: 어! 밖에 눈이 와요.

나: 우와, 정말 예뻐요.
한국의 겨울은 눈이 오니까 ______________________________

가: 흐엉 씨 고향은 따뜻해서 눈이 안 오지요? 우리 같이 눈사람을 만들까요?

나: 눈사람요? 좋아요.

가: 수업이 끝나고 눈사람도 만들고 ______________________________

나: 네, 재미있을 것 같아요.

V. 따라해 봅시다

- 밖에[바께]
- 닦아요[다까요]
- 밖에 비가 많이 오는군요.

VI. 정리해 봅시다

1. 봄, 여름, 가을, 겨울에 무엇을 합니까?
2. 한국의 봄(여름, 가을, 겨울)은 어떻습니까?

MP3 / 54

1 다음을 읽고 질문에 답하십시오.

YONSEI EMAIL

보낸 사람	on.coralreef@ausmail.com(Olivia Smith)
받는 사람	yunafirst@yonsei.ac.kr(Yuna Lee)
제 목	안녕하세요?

윤아 씨에게

안녕하세요? 윤아 씨, 잘 있었어요?
한국은 지금 (가)이니까/니까 날씨가 좀 춥지요?
한국에서 눈이 온 산을 구경하면서 스키를 타고 싶군요.
저는 제 고향 시드니에 있어요.
호주는 지금 (나)이어서/여서 날씨가 더워요. 그래서 저는 바다에 자주 가요.
우리 집에서 남쪽으로 걸어서 10분쯤 가면 바다가 있어요.
바다에서 가족들과 같이 수영도 하고 서핑도 해요.
윤아 씨도 (다)을/를 좋아하니까 여기에 오면 좋아할 것 같아요.
나중에 꼭 한번 놀러 오세요. 다음 달에 한국에서 만나요.

올리비아

1) 무엇에 대한 이야기입니까? (　　)

① 친구와 학교　② 계절과 운동　③ 고향과 음식　④ 여행과 쇼핑

2) 이 글의 내용과 같은 것을 고르십시오. (　　)

① 한국은 지금 여름입니다.
② 윤아 씨는 지금 호주에 있습니다.
③ 올리비아 씨는 이번 달에 한국에 옵니다.
④ 올리비아 씨는 바다에서 수영과 서핑을 합니다.

3) 빈 칸에 알맞은 것을 보기 에서 골라 쓰십시오.

보기

운동　여름　겨울

가 (　　　)　나 (　　　)　다 (　　　)

시드니　남쪽　나중에

2 대화를 듣고 대답하십시오.

1) **이 대화 내용과 같은 것을 고르십시오. (　　)**

① 올리비아 씨 고향은 날씨가 추웠어요.
② 윤아 씨는 지난달에 영어를 가르쳤어요.
③ 윤아 씨는 주말마다 아르바이트를 했어요.
④ 두 사람은 다음 주말에 스키장에 갈 거예요.

2) **두 사람은 지금 어디에서 이야기합니까? (　　)**

① 호주　② 한국　③ 바다　④ 스키장

문화

꽃구경과 단풍놀이

한국은 봄에 날씨가 따뜻하고 꽃이 많이 핍니다. 그래서 봄꽃을 구경하러 가는 사람들이 많습니다. 서울에서도 4월이 되면 벚꽃을 구경하러 여의도에 가는 사람이 많습니다. 가을에는 단풍이 듭니다. 빨갛고 노랗게 단풍이 들면 아주 아름답습니다. 특히 설악산과 속리산은 아름다운 단풍으로 유명합니다. 그래서 단풍을 구경하러 가는 사람이 아주 많습니다.

19과 여행

1. 여행 계획

MP3 / 55

• 학습목표: 여행 계획 관련 내용을 이해할 수 있다.

Ⅰ. 준비해 봅시다

듣고 알맞은 것을 연결하십시오.

1)	2)	3)	4)
❶ 민박집	❷ 호텔	❸ 콘도	❹ 게스트하우스

Ⅱ. 읽어 봅시다

저는 두 달 전에 서울에 왔습니다.
일을 하면서 한국말 공부도 하니까 바쁩니다.
그래서 아직 여행을 많이 하지 못했습니다.
방학이 되면 여행을 가려고 합니다.
먼저 저는 강원도에 있는 강릉에 갈 계획입니다.
강릉은 설악산도 가깝고 바다도 가깝습니다.
저는 강릉까지 기차로 가고 잠은 펜션에서 자려고 합니다.
제가 여행사에서 예약한 펜션은 호텔보다 싸고 깨끗합니다.
수영장이 있고 자전거도 빌릴 수 있습니다.
또 펜션 근처에 버스 정류장이 있어서 교통이 편합니다.
빨리 강릉에 여행을 가고 싶습니다.

민박집　콘도　게스트하우스　전　강원도　설악산　잠　펜션　또

1 문장을 읽고 장소와 관계가 있는 것을 연결하십시오.

1) 서울 •
2) 여행사 •
3) 강릉 •

• ❶ 산과 바다에 갑니다.
• ❷ 회사에서 일합니다.
• ❸ 펜션을 예약합니다.
• ❹ 학교에서 공부합니다.
• ❺ 수영도 하고 자전거도 탑니다.

2 문장을 읽고 맞으면 O, 틀리면 X 하십시오.

1) 에릭 씨가 한국에서 두 달 살았습니다. ( )
2) 에릭 씨는 강릉에 버스를 타고 가려고 합니다. ( )
3) 펜션은 호텔보다 비싸지만 깨끗합니다. ( )

3 질문을 읽고 알맞은 대답을 쓰십시오.

1) 에릭 씨는 왜 여행을 하지 못했습니까?
에릭 씨는 ______________________ 여행을 하지 못했습니다.

2) 에릭 씨는 왜 강릉에 가려고 합니까?
에릭 씨는 ______________________ 강릉에 가려고 합니다.

III. 들어 봅시다

1 문장을 듣고 관계가 있는 것과 연결하십시오.

1) 2) 3) 4)

2 남자는 무엇을 할 것 같습니까? 대화를 듣고 맞는 번호를 고르십시오.

1) (　　　)

① 호텔에서 자요.
② 민박집에서 자요.

2) (　　　)

① 매운 음식을 먹어요.
② 맵지 않은 음식을 먹어요.

3) (　　　)

① 차를 마셔요.
② 잠을 자요.

4) (　　　)

① 오늘 만나요.
② 다음 주에 만나요.

[3-4] 대화를 듣고 질문에 답하십시오.

3 맞으면 O, 틀리면 X 하십시오.

1) 흐엉 씨는 주말에 평창에 가려고 합니다. (　　　)
2) 윤아 씨는 콘도에서 자려고 합니다. (　　　)
3) 콘도에서는 요리를 할 수 없습니다. (　　　)

평창

4 대화를 완성하십시오.

가: 윤아 씨, 저는 다음 주말에 평창에 ______

나: 그래요? 흐엉 씨는 평창에 가면 어디에서 잘 거예요?

가: 글쎄요, 어디가 좋아요?

나: 콘도에서 ______
콘도는 요리를 할 수 있어서 편해요.

[5-6] 이야기를 듣고 질문에 답하십시오.

5 질문에 답하십시오.

1) 경주는 어떻습니까? (　　　,　　　)

❶ 구경할 것이 많습니다.　　❷ 외국 사람이 많습니다.

❸ 경치가 아름답습니다.　　❹ 집값이 쌉니다.

2) 이 사람이 예약한 게스트하우스는 어떻습니까?

그 게스트하우스는 ______

6 문장을 완성하십시오.

저는 방학에 경주에 여행을 가려고 해요.
경주는 구경할 것도 많고 경치도 아름다워서 꼭 가고 싶었어요.
저는 경주에 가면 ______
제가 예약한 게스트하우스는 값이 싸요.
그리고 외국 사람들에게 한국 요리도 가르쳐 줘요.
여러분도 저와 같이 경주에 ______

V. 따라해 봅시다

- 강릉 [강능]
- 종로 [종노]
- 빨리 강릉에 여행을 가고 싶습니다.

V. 정리해 봅시다

1. 어디에 여행을 가고 싶습니까?
2. 여행 계획을 세워 보십시오.

19과 여행

2. 여행 준비

MP3 / 56

• 학습목표: 여행 준비 관련 내용을 이해할 수 있다.

Ⅰ. 준비해 봅시다

듣고 알맞은 것에 ✔하십시오.

1)

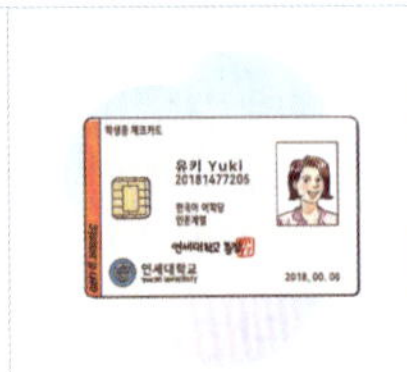

❶ (　　　)　❷ (　　　)

2)
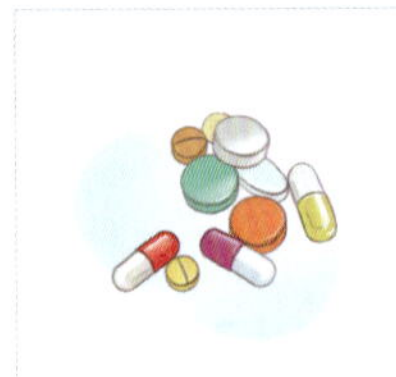

❶ (　　　)　❷ (　　　)

3)

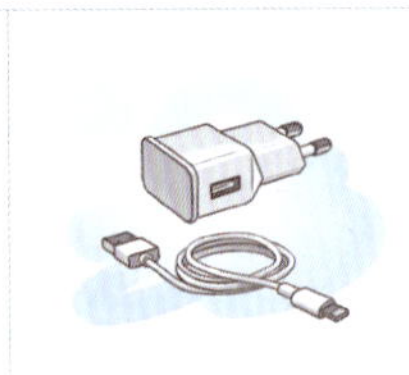

❶ (　　　)　❷ (　　　)

4)

❶ (　　　)　❷ (　　　)

Ⅱ. 읽어 봅시다

오늘 이번 학기가 끝났습니다.
그래서 저는 내일 싱가포르에 가려고 합니다.
그곳은 우리 반 친구 레이첼 씨 고향입니다.
지금 가방을 싸고 있습니다.
싱가포르는 날씨가 더워서 얇은 옷과 모자를 준비했습니다.
슬리퍼와 선글라스도 샀습니다.
비행기 표는 인터넷으로 샀습니다.
싼 표를 사서 기분이 좋았습니다.
내일 아침에는 일찍 공항에 가야 합니다.
공항에서 돈을 바꾸고 레이첼 씨 부모님께 드릴 선물도 사려고 합니다.

여권　약　충전기　가방을 싸다　학기　싱가포르　슬리퍼　선글라스
비행기 표　돈을 바꾸다

1 이 사람은 지금 무엇을 하고 있습니까? (　　　)

❶ 여행 가방 준비　　❷ 비행기 표 예매
❸ 인터넷 쇼핑　　❹ 선물 준비

2 문장을 읽고 맞으면 O, 틀리면 X 하십시오.

1) 이 사람은 내일 친구 고향에 갑니다. (　　　)
2) 이 사람은 여행사에서 비행기 표를 샀습니다. (　　　)
3) 이 사람은 오늘 은행에서 돈을 바꿨습니다. (　　　)

3 질문을 읽고 알맞은 대답을 쓰십시오.

1) 이 사람은 공항에서 무엇을 하려고 합니까?
공항에서 돈을 바꾸고 ______________________

2) 이 사람은 비행기 표를 어떻게 샀습니까?
____

19-2

Ⅲ. 들어 봅시다

1 문장을 듣고 맞는 것에 ✔하십시오.

1) 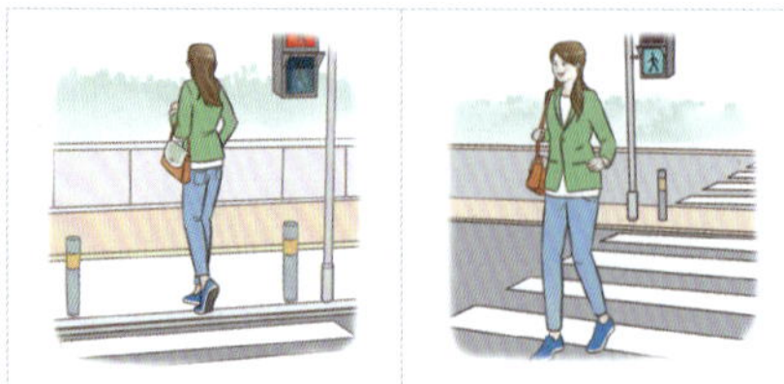

❶ (　　　) ❷ (　　　)

2) 

❶ (　　　) ❷ (　　　)

3) 

❶ (　　　) ❷ (　　　)

4) 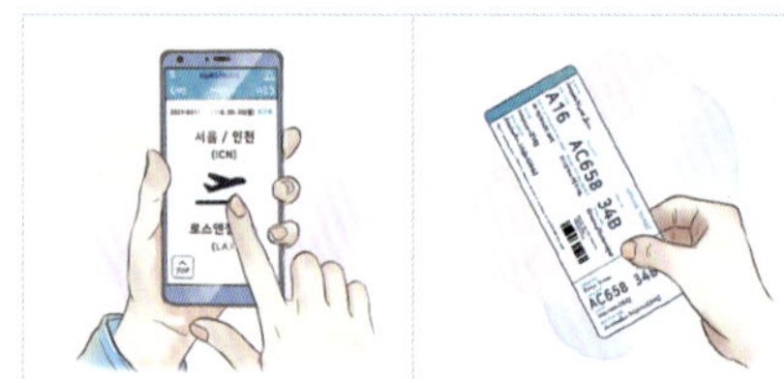

❶ (　　　) ❷ (　　　)

2 대화를 듣고 여자의 대답과 관계가 있는 것의 번호를 고르십시오.

1) (　　　)

❶ 안 가요.
❷ 못 가요.

2) (　　　)

❶ 버스를 안 타요.
❷ 버스를 못 타요.

3) (　　　)

❶ 안 먹어요.
❷ 못 먹어요.

4) (　　　)

❶ 옷을 안 샀어요.
❷ 옷을 못 샀어요.

[3-4] 대화를 듣고 질문에 답하십시오.

3 맞으면 O, 틀리면 X 하십시오.

1) 제인 씨는 여행 준비를 다 했습니다. (　　　)
2) 제인 씨는 호텔을 예약하고 싶어 합니다. (　　　)
3) 제인 씨는 한국말을 잘합니다. (　　　)

4 대화를 완성하십시오.

가: 제인 씨, 호텔 예약했어요?

나: 아니요, 호텔 예약을 아직 ____________

가: 왜요? 무슨 문제가 있어요?

나: 제가 한국말을 잘 못해서 예약을 ____________ 도와주세요.

[5-6] 대화를 듣고 질문에 답하십시오.

5 질문에 답하십시오.

1) 제시카 씨는 왜 우산을 준비합니까? (   )

❶ 우산이 비싸니까 ❷ 날씨가 더우니까

❸ 요즘은 비가 자주 오니까 ❹ 여행 가서 우산을 살 수 없으니까

2) 제시카 씨는 왜 충전기를 싸지 않습니까?

____

6 대화를 완성하십시오.

가: 제시카 씨, 여행 준비 다 했어요?

나: 아니요, 가방을 다 못 쌌어요. ____________

가: 아! 한국은 요즘 비가 자주 오니까 우산도 같이 싸세요.

나: 휴대 전화 충전기는 호텔에서 빌릴 수 있어요?

가: 네, 호텔에서 ____________

나: 그렇군요. 그럼 충전기는 안 쌀 거예요. 고마워요.

V. 따라해 봅시다

- 여권[여꿘]
- 승차권[승차꿘]
- 여권이 있어야 합니다.

V. 정리해 봅시다

1. 어디에 여행을 가고 싶습니까?
2. 여행 전에 무엇을 준비해야 합니까?

다

20과 방학과 휴일

1. 방학

MP3 / 57

• 학습목표: 방학 관련 내용을 이해할 수 있다.

Ⅰ. 준비해 봅시다

읽고 맞으면 O, 틀리면 X 하십시오.

12월						
일요일	월요일	화요일	수요일	목요일	금요일	토요일
			1	2	3	4
5	6 시험	7 시험	8	9 방학	10	11
12	13	14	15 스키장	16	17	18
19	20 겨울 학기 시작	21	22	23	24	25 크리스마스
26	27	28	29	30	31	

1) 12월 8일에 방학이 시작됩니다. ( )
2) 12월 9일에 학기가 끝납니다. ( )
3) 12월 20일에 학기가 시작됩니다. ( )
4) 12월 25일은 방학입니다. ( )

Ⅱ. 읽어 봅시다

보고 싶은 선생님께

선생님, 잘 지내셨어요? 연락을 자주 못 해서 죄송합니다. 학기 중에는 아르바이트를 해서 조금 바빴습니다. 지난주에 학기가 끝나고 방학을 했습니다. 이번 방학에는 인터넷으로 한국어 공부를 하고 있습니다. 선생님, 요즘도 방학이 되면 일본에 여행을 오세요? 선생님께서 일본에 오시면 경치가 아름다운 곳으로 제가 안내하겠습니다. 맛있는 일본 음식도 사 드리겠습니다. 여행을 오시기 전에 저에게 꼭 연락해 주세요. 또 연락 드리겠습니다. 그럼 안녕히 계세요.

유키 올림

크리스마스　지내다　죄송하다　학기 중　방학을 하다　안내하다　연락　연락드리다　올림

1 문장을 읽고 관계가 있는 것과 연결하십시오.

1) 아르바이트를 해서 조금 바빴습니다. • • ❶ 

2) 인터넷으로 한국어 공부를 합니다. • • ❷ 

3) 맛있는 일본 음식도 같이 먹고 싶습니다. • • ❸ 

4) 일본에 오시면 제가 경치가 아름다운 곳으로 안내하겠습니다. • • ❹ 

2 문장을 읽고 맞으면 O, 틀리면 X 하십시오.

1) 지금은 방학 중입니다. ( )

2) 학기 중에 인터넷으로 한국어를 공부했습니다. ( )

3) 유키 씨는 방학 때 일본에 자주 갑니다. ( )

3 질문을 읽고 알맞은 대답을 쓰십시오.

1) 누가 누구에게 쓴 편지입니까?

____

2) 이 사람은 왜 연락을 자주 못 했습니까?

이 사람은 ______________________

III. 들어 봅시다

1 문장을 듣고 먼저 한 것에 ✔하십시오.

1) □ 빨래 □ 요리

2) □ 숙제 □ 운동

3) □ 일 □ 공부

4) □ 식사 □ 쇼핑

2 대화를 듣고 맞는 것에 ✔하십시오.

1)

❶ (   ) ❷ (   )

2)

❶ (   ) ❷ (   )

3)

❶ (   ) ❷ (   )

4)

❶ (   ) ❷ (   )

[3-4] 대화를 듣고 질문에 답하십시오.

3 맞으면 O, 틀리면 X 하십시오.

1) 두 사람은 베트남 음식을 먹었어요. (   )

2) 두 사람은 같이 시장에 갈 거예요. (   )

3) 두 사람은 살 것을 메모한 후에 시장에 가려고 해요. (   )

국수 채소 메모하다

4 대화를 완성하십시오.

가: 흐엉 씨, 베트남 음식을 ________ 갈까요?
나: 음… 같이 베트남 음식을 만들어서 먹는 건 어때요?
가: 좋아요. 그럼 국수와 채소를 사러 시장에 갈까요?
나: 네. 시장에 ________ 살 것을 종이에 씁시다.

[5-6] 대화를 듣고 질문에 답하십시오.

5 질문에 답하십시오.

1) 주앙 씨는 오늘 왜 기분이 좋아요? (　　　)
❶ 수업이 끝나서　❷ 방학을 해서　❸ 시험이 끝나서　❹ 고향으로 돌아가서

2) 주앙 씨는 오늘 뭘 하려고 해요?
주앙 씨는 ________

6 대화를 완성하십시오.

가: 시험이 끝나서 기분이 좋지요?
나: 네, 좋아요.
가: 오늘 뭘 할 거예요?
나: 고향에 돌아가기 전에 가족들에게 줄 선물을 사러 갈 거예요.
가: 언제 한국에 올 거예요?
나: ________ 올 거예요.
가: 주앙 씨, 방학에 말하기 연습을 자주 하세요.
나: 네, 말하기 연습도 하고 ________

Ⅳ. 따라해 봅시다

- 끝나고[끈나고]
- 붙는[분는]
- 지난주에 학기가 끝나고 방학을 했습니다.

Ⅴ. 정리해 봅시다

1. 방학하기 전에 무엇을 하고 싶습니까? 2. 방학에는 무엇을 하겠습니까?

말하기 연습 2급

20과 방학과 휴일

2. 휴일

MP3 / 58

• 학습목표: 휴일 관련 내용을 이해할 수 있다.

Ⅰ. 준비해 봅시다

듣고 알맞은 것을 연결하십시오.

1) •   • ❶ 어린이날

2) •   • ❷ 설날

3) •   • ❸ 휴가

Ⅱ. 읽어 봅시다

여러분도 휴일을 좋아하지요? 휴일에는 학교도 쉬고 회사도 쉽니다.
그래서 사람들은 휴일을 기다립니다.
한국 사람들은 휴일에 무엇을 할 것 같습니까?
한국 사람들은 휴일에 취미 생활을 합니다.
영화도 보고 맛있는 음식을 파는 식당에도 갑니다. 여러 가지 운동도 하고요.
여행을 가는 사람들이 많아서 주말에는 교통이 복잡합니다.
휴일 저녁에 집에서 텔레비전을 보는 사람도 많습니다.
그래서 주말에 하는 텔레비전 프로그램은 인기가 많습니다.

어린이날   설날   휴가   휴일   취미   프로그램

1 한국 사람들이 휴일에 많이 하는 일이 아닌 것은 무엇입니까? (　　)

❶ 영화를 봅니다.
❷ 식당에서 맛있는 음식을 먹습니다.
❸ 여러 가지 운동을 합니다.
❹ 집에서 공부를 합니다.

2 문장을 읽고 맞으면 O, 틀리면 X 하십시오.

1) 한국 사람들은 휴일에도 일합니다. (　　)
2) 한국 사람들은 휴일에 취미 생활을 합니다. (　　)
3) 주말에 하는 텔레비전 프로그램은 인기가 많습니다. (　　)

3 질문을 읽고 알맞은 대답을 쓰십시오.

1) 사람들은 왜 휴일을 기다립니까?
휴일에는 ______________________________

2) 주말에 왜 교통이 복잡합니까?
____

III. 들어 봅시다

1 문장을 듣고 알맞은 것을 고르십시오.

1) 

❶ (　　)　❷ (　　)

2) 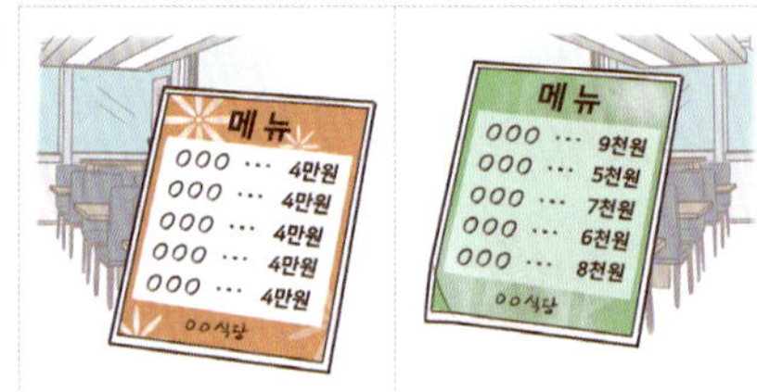

❶ (　　)　❷ (　　)

3) 

❶ (　　)　❷ (　　)

4) 

❶ (　　)　❷ (　　)

2 질문을 듣고 맞는 대답을 고르십시오.

1) •	• ❶	정말 재미있지 않았어요?
2) •	• ❷	거기는 좀 비싸지 않아요?
3) •	• ❸	어렵지 않았어요?
4) •	• ❹	매운 것을 싫어하지 않아요?

[3-4] 대화를 듣고 질문에 답하십시오.

3 맞으면 O, 틀리면 X 하십시오.

1) 오늘은 휴일입니다. (　　)

2) 흐엉 씨는 엔(N) 서울 타워에 가고 싶어 합니다. (　　)

3) 한강공원은 경치가 아름답습니다. (　　)

4 대화를 완성하십시오.

가: 흐엉 씨, 내일 휴일인데 같이 엔(N) 서울 타워에 갈까요?
나: 엔(N) 서울 타워는 너무 ________ 우리 한강공원에 갈까요?
가: 한강공원은 어때요?
나: 경치가 아름다워요. 자전거도 ________
가: 그래요? 그럼, 내일은 한강공원에 가요.

[5-6] 대화를 듣고 질문에 답하십시오.

5 질문에 답하십시오.

1) 올리비아 씨가 설날에 할 것을 고르십시오. (　　　)
❶ 집에서 쉴 거예요. ❷ 회사에서 일할 거예요.
❸ 식당에서 아르바이트를 할 거예요. ❹ 서울 구경을 할 거예요.

2) 레오 씨 식당은 어때요? ________

6 대화를 완성하십시오.

가: 레오 씨, 이번 설날에 뭘 할거예요?
나: 일할 거예요. 우리 식당은 설날에 쉬지 않아요.
식당에 손님이 많아서 쉴 수 없어요.
가: 그래요? ________
나: 올리비아 씨는 뭘 할 거예요?
가: 동생이 한국에 와서 동생하고 서울을 구경할 거예요.
나: 그럼 우리 식당에 오는 게 어때요? 음식이 아주 맛있어요. ________
가: 그거 좋은 생각이에요.

Ⅳ. 따라해 봅시다

- 쉽니다[쉼니다]
- 쉽습니다[쉽씀니다]
- 휴일에는 학교도 쉬고 회사도 쉽니다.

Ⅴ. 정리해 봅시다

1. 여러분 나라의 휴일은 언제입니까?
2. 다음 휴일에 무엇을 하려고 합니까?

복습

1 대화를 듣고 대답하십시오.

1) **두 사람이 이야기하고 있는 시간은 언제입니까? (　　)**

❶ 방학하기 전　❷ 방학 중　❸ 방학 끝난 후　❹ 여행 중

2) **들은 내용과 같은 것을 고르십시오. (　　)**

❶ 메리 씨는 방학하면 아르바이트를 할 계획입니다.
❷ 메리 씨 고향은 수원입니다.
❸ 메리 씨는 금요일에 수원에 가려고 합니다.
❹ 메리 씨는 이번 주에 고향에 갑니다.

3) **두 사람은 수원에 가서 무엇을 먹을 계획입니까?**

2 다음 글을 읽고 질문에 답하십시오.

저는 서울에서 가까운 곳을 여행하려고 합니다.
방학이 끝나기 전에 수원, 용인, 춘천에 갈 계획을 세우고 있습니다.
저는 수원에 가면 수원 화성을 구경하고 갈비도 먹겠습니다.
용인에는 놀이공원과 민속촌이 있어서 친구들과 꼭 같이 가고 싶습니다.
춘천은 산과 호수, 강을 모두 구경할 수 있고 경치가 아름답습니다.
닭갈비와 막국수도 맛있습니다.
모두 서울에서 한 시간 안에 갈 수 있어서 교통이 편합니다.

수원 화성　용인　민속촌　막국수

1) **무엇에 대한 이야기입니까? (　　)**

① 서울 여행　② 가족 여행　③ 여행 날씨　④ 여행 계획

2) **이 글의 내용과 같은 것을 고르십시오. (　　)**

① 수원은 막국수가 맛있습니다.
② 용인에는 스키장이 있습니다.
③ 춘천에는 산과 바다가 있습니다.
④ 세 곳 모두 서울에서 한 시간 안에 갈 수 있습니다.

문화

관광지

제주 성읍민속마을

경주 첨성대

전주 한옥마을

여러분은 한국에서 어디에 가고 싶습니까? 한국에는 아름다운 관광지가 많습니다. 제주도는 한국 사람들이 사랑하는 아름다운 섬입니다. 제주도뿐만 아니라 설악산, 거제, 담양, 보성 등 아름다운 관광지가 많습니다. 그 외에도 국제 영화제로 알려진 부산, 한국의 전통 문화와 역사를 느낄 수 있는 전주, 경주, 안동 등이 유명합니다.

부록

모범 답안
색인

11-1 약속

Ⅰ. 준비해 봅시다

1) O 2) X 3) X 4) O

Ⅱ. 들어 봅시다

1. 1) ② 2) ① 3) ④ 4) ③
2. 1) 숙제 2) 수업 3) 영화 4) 요리
3. 1) O 2) X 3) O
4. 있으니까, (단어) 공부를 한 후에
5. 1) ① 2) 이번 토요일 오후 1시, 호세 씨 집 근처 공원 앞
6. 숙제가 좀 많으니까,
   축구를 한 후에 저녁도 같이 먹을까요?

Ⅲ. 읽어 봅시다

1. (1) → (2) → (5) → (4) → (3)
2. 1) O 2) O 3) X
3. 1) 조용하니까 2) 영화를 본 후에 쇼핑을 하고

11-2 주말 약속

Ⅰ. 준비해 봅시다

1) ② (그림을 보고 싶어요.)
2) ③ (커피를 마시러 가요.)
3) ① (주말에 보통 영화를 보러 가요.)
4) ④ (친구하고 같이 놀러 가고 싶어요.)

Ⅱ. 읽어 봅시다

1. ④, ⑥
2. 1) O 2) O 3) X
3. 1) 놀이공원 2) 여러 가지 놀이기구를 탔습니다.

Ⅲ. 들어 봅시다

1. 1) 두 시, 세 시 2) 청소, 등산
   3) 된장찌개, 삼계탕 4) 카페, 영화관
2. 1) ① 2) ① 3) ② 4) ①
3. 1) O 2) O 3) X
4. 시간이 있는데, 10시나 11시쯤에
5. 1) ①, ④ 2) 쇼핑을 하고
6. 결혼을 하는데 같이 갈까요?
   명동이나 남대문시장에 갈까요?

12-1 가족 이야기

Ⅰ. 준비해 봅시다

1) ③ (동생이 밥을 먹습니다.)
2) ④ (누나가 책을 읽습니다.)
3) ② (할머니는 일본에 계십니다.)
4) ① (아버지는 회사원이십니다.)

Ⅱ. 읽어 봅시다

1. 1) ② 2) ④ 3) ③ 4) ①
2. 1) O 2) X 3) X
3. 1) 다섯 명입니다. 2) 영어를 가르치십니다.

Ⅲ. 들어 봅시다

1. 1) ② 2) ① 3) ① 4) ①
2. 1) ③-㉯ 2) ④-㉰
   3) ①-㉮ 4) ②-㉱
3. 1) O 2) X 3) X
4. 형제가, 여동생이
5. 1) ① 2) 베트남 하노이에 계십니다.
6. 부모님께서 어디에 계십니까?
   어머니께서 한국에 오십니까?

12-2 우리 할머니

Ⅰ. 준비해 봅시다

1) ○ 2) X 3) ○

Ⅱ. 읽어 봅시다

1. 1) ② 2) ① 3) ④ 4) ③
2. 1) ○ 2) X 3) X
3. 1) 한국 가수를 좋아하셔서 많이 들으세요.
   2) 한국 음식도 먹으러 갈 거예요.

Ⅲ. 들어 봅시다

1. 1) ① 2) ② 3) ① 4) ②
2. 1) ② 2) ④ 3) ③ 4) ①
3. 1) X 2) ○ 3) X
4. 선생님이세요, 자주 그리세요.
5. 1) ③ 2) 창덕궁에 갈 거예요.
6. 사진을 많이 찍으세요.
   삼계탕이 맵지 않으니까 삼계탕을 드세요.

◆ 복습

1. 대화를 듣고 대답하십시오.
   1) ③
   2) ①
   3) 다음 주 토요일에 제주도에 갑니다.

2. 다음을 읽고 질문에 답하십시오.
   1) ②
   2) ①

13-1 동대문시장

Ⅰ. 준비해 봅시다

1) X 2) O 3) X 4) O

Ⅱ. 들어 봅시다

1. 1) ② 2) ① 3) ① 4) ①
2. 1) ① 2) ② 3) ② 4) ①
3. 1) O 2) O 3) X
4. 긴 바지보다, 짧은 바지를

5. 1) ② 2) 쇼핑을 하러

6. 예쁜 옷가게가 많아요.
긴 코트를

Ⅲ. 읽어 봅시다

1. 1) ② 2) ① 3) ③

2. 1) O 2) O 3) X

3. 1) 예쁘고 좋습니다.
(다른 시장보다) 비싸지 않습니다.
2) (값이) 싸고 아주 예뻐서

13-2 쇼핑

Ⅰ. 준비해 봅시다

1) O 2) X 3) O 4) X 5) X

Ⅱ. 읽어 봅시다

1. ②

2. 1) X 2) X 3) O

3. 1) ① 2) 피곤했지만 재미있는 하루였습니다.

Ⅲ. 들어 봅시다

1. 1) ② 2) ② 3) ① 4) ①

2. 1) ① 2) ② 3) ① 4) ②

3. 1) X 2) O 3) X

4. 가는 곳이, 세 켤레에

5. 1) ④ 2) 만 원입니다.

6. 세 시간에 얼마예요?
여자들이 많이 입는 한복이

14-1 생일 선물

Ⅰ. 준비해 봅시다

1) ② (상품권을 샀어요.) 2) ④ (인형을 줄 거예요.)
3) ③ (액세서리를 좋아해요.) 4) ① (소설책을 자주 읽어요.)

Ⅱ. 읽어 봅시다

1. (⑤) → (①) → (④) → (③) → (②)

2. 1) O 2) X 3) O

3. 1) 남자 친구에게 줄 선물을 샀습니다.
2) 선물을 사러 백화점에 갔습니다.

Ⅲ. 들어 봅시다

1. 1) ① 2) ① 3) ① 4) ②

2. 1) O 2) X 3) O 4) O

3. 1) X 2) O 3) O

4. 윤아 씨에게, 액세서리를

5. 1) ② 2) 어머니께 선물할 거예요.

6. 어머니께 드릴 선물을 사러
어머니가 한국 화장품을 좋아하세요.

14-2 생일 파티

Ⅰ. 준비해 봅시다

1) X (노라 씨가 노래를 부릅니다.)
2) ○ (노라 씨가 케이크를 자릅니다.)
3) X (노라 씨가 선물을 고릅니다.)
4) ○ (노라 씨가 카드를 씁니다.)

Ⅱ. 읽어 봅시다

1. (④) → (②) → (①) → (⑤) → (⑥) → (③)

2. 1) X 2) ○ 3) ○

3. 1) 좋아해서 샀습니다.
2) 우리가 고른 선물을 좋아했습니다.

Ⅲ. 들어 봅시다

1. 1) ③ 2) ④ 3) ② 4) ①

2. 1) ② 2) ① 3) ② 4) ②

3. 1) ○ 2) ○ 3) X

4. 준비한, 골랐어요.

5. 1) ④ 2) 유키 씨가 골랐습니다.

6. 학교 앞에 있는
선물한 책은 누가 골랐어요?

◆ 복습

1. 다음을 읽고 질문에 답하십시오.

1) (①) → (③) → (②) → (④)
2) ④
3) ㉮:(그래서) ㉯:(그리고)

2. 대화를 듣고 대답하십시오.

1) ②
2) ③

15-1 전화번호

Ⅰ. 준비해 봅시다

1) ② (한국은 82이고 미국은 1입니다.)
2) ③ (02-2123-7890입니다.)
3) ① (음악도 듣고 인터넷도 합니다.)
4) ④ (서울은 02이고 부산은 051입니다.)

Ⅱ. 읽어 봅시다

1. (1) → (5) → (4) → (3) → (2) → (6)

2. 1) X 2) O 3) O

3. 1) 대사관에 일이 많아서
2) 김 선생님 전화번호를 알고 싶어서(몰라서)

Ⅲ. 들어 봅시다

1. 1) ① 2) ① 3) ② 4) ②

2. 1) 날씨 2) 김치찌개 3) 영화 4) 도서관

3. 1) X 2) O 3) O

4. 010-2123-1004, 가르쳐 주세요.

5. 1) ④ 2) 사진을 많이 찍고 싶어 합니다.

6. 보여 주세요.
010 - 6029 - 0717

15-2 전화

I. 준비해 봅시다

1) ③ (에릭 씨가 전화를 걸어요)
2) ④ (에릭 씨가 전화를 끊어요.)
3) ① (에릭 씨가 전화를 받아요.)
4) ② (에릭 씨가 문자메시지를 보내요.)

II. 읽어 봅시다

1. ④
2. 1) O 2) X 3) X
3. 1) 주말에 일이 있어서 2) 오후 7시

III. 들어 봅시다

1. 1) ③ 2) ④ 3) ② 4) ①
2. 1) ② 2) ① 3) ① 4) ②
3. 1) O 2) X 3) O
4. 선생님에게서, 등산을 갈 수 없어요.
5. 1) ① 2) 신촌 백화점 앞입니다.
6. 전화 받을 수 있어요?
하늘 씨한테서 전화 받았어요?

16-1 교통

I. 준비해 봅시다

1) ④ 2) ③ 3) ① 4) ②

II. 들어 봅시다

1. 1) ① 2) ① 3) ② 4) ①
2. 1) X 2) X 3) O 4) O
3. 1) X 2) O 3) O
4. 지하철로, 20분쯤
5. 1) ② 2) 부모님과 같이 부산에 갈 거예요.
6. 기차로 갈 거예요?
서울에서 부산까지 비행기로 50분쯤 걸려요.

III. 읽어 봅시다

1. (①) → (③) → (④) → (②)
2. 1) O 2) X 3) O
3. 1) 택시로 40분쯤 걸렸습니다.
2) 한국말로 이야기할 수 있어서

16-2 공항버스

I. 준비해 봅시다

1) ③ 2) ① 3) ②

II. 읽어 봅시다

1. 1) ②, ④ 2) ①, ③
2. 1) X 2) O 3) O
3. 1) 친구를 만나러 갔습니다. 2) 15분마다 옵니다.

III. 들어 봅시다

1. 1) ② 2) ③ 3) ① 4) ④
2. 1) ② 2) ① 3) ② 4) ①
3. 1) O 2) O 3) X
4. 고속버스터미널, 40분마다
5. 1) ② 2) 한 시간마다 있습니다.
6. 서울역에서 타야 해요.
경주역까지 가는 기차는 한 시간마다 있어요.

◆ 복습

1. 1) ② 2) ③ 3) 337-9124
2. 1) ④ 2) ③

17-1 이태원

I. 준비해 봅시다

1) X 2) X 3) O 4) O

II. 들어 봅시다

1. 1) ③ 2) ① 3) ② 4) ④
2. 1) 공항 2) 버스 3) 영화 4) 시장
3. 1) O 2) O 3) X
4. 왼쪽으로, 5분쯤 가면
5. 1) ① 2) 지하철 3호선을, 신사역, 오른쪽으로
6. 똑바로 가면, 걸어서 10분쯤 걸려요.

III. 읽어 봅시다

1. 1) ② 2) ④ 3) ① 4) ③
2. 1) O 2) X 3) X
3. 1) 아주 크고 아름답습니다.
2) 오른쪽으로 50미터쯤 걸으면

17-2 길 안내

I. 준비해 봅시다

1) ④ (육교로 건너세요.) 2) ① (횡단보도로 건너세요.)
3) ② (지하도로 내려가세요.) 4) ③ (3번 출구로 나오세요.)

II. 읽어 봅시다

1. ②
2. 1) O 2) X 3) X
3. 1) 문자 메시지로 가르쳐 줬습니다.
2) 편의점이 있습니다.

III. 들어 봅시다

1. 1) ③ 2) ④ 3) ① 4) ②
2. 1) 물건 2) 시간 3) 사람 4) 장소
3. 1) O 2) O 3) X
4. 안경점 앞, 횡단보도를 건너서
5. 1) ① 2) 청계천 쪽으로 50m쯤 가면 호텔이 있습니다.
6. 4번 출구로 나와서
횡단보도요?

18-1 날씨

Ⅰ. 준비해 봅시다
1) ① (날씨가 흐리니까 우산을 준비하세요.)
2) ③ (날씨가 맑아서 빨래를 했어요.)
3) ④ (바람이 많이 부니까 창문을 닫으세요.)
4) ② (눈이 와서 눈싸움을 했어요.)

Ⅱ. 읽어 봅시다
1. 1) ② 2) ③ 3) ① 4) ④
2. 1) X 2) O 3) X
3. 1) 아주 아름다웠습니다.
   2) 고향 친구들에게 보내 주고 싶어서

Ⅲ. 들어 봅시다
1. 1) ④ 2) ③ 3) ② 4) ①
2. 1) ③ 2) ① 3) ② 4) ④
3. 1) O 2) X 2) O
4. 아름답군요., 추울 것 같아요.
5. 1) ④ 2) 조금 더울 것 같습니다.
6. 덥지 않아서 좋아요.
   요리하는 게 힘들었어요.

18-2 사계절

Ⅰ. 준비해 봅시다
1) ④ (친구들과 눈싸움을 해요.)
2) ② (가족들과 해수욕장에 가요.)
3) ③ (산에 단풍 구경을 하러 가요.)
4) ① (예쁜 꽃이 많이 피어서 소풍을 가요.)

Ⅱ. 읽어 봅시다
1. 1) ①, ③, ⑥ 2) ②, ④, ⑤
2. 1) ○ 2) ○ 3) X
3. 1) 예쁜 꽃이 많습니다. 2) 산에서 단풍 구경을 합니다.

Ⅲ. 들어 봅시다
1. 1) ③ 2) ④ 3) ① 4) ②
2. 1) ② 2) ③ 3) ① 4) ④
3. 1) X 2) ○ 3) ○
4. 오는 것 같아요, 먹으면서
5. 1) ④ 2) 눈사람도 만들고 눈싸움도 할 겁니다.
6. 정말 아름다운 것 같아요.
   눈싸움도 하면서 놀아요.

◆ 복습

1. 다음을 읽고 질문에 답하십시오.
1) ②
2) ④
3) ㉮ (겨울) ㉯ (여름) ㉰ (운동)

2. 대화를 듣고 대답하십시오.
1) ④
2) ②

19-1 여행 계획

Ⅰ. 준비해 봅시다
1) ② (크고 깨끗하지만 아주 비싸요.)
2) ④ (여러 나라에서 온 친구들과 만날 수 있어요.)
3) ① (집주인이 아침밥을 줘요.)
4) ③ (친구들과 같이 요리를 할 수 있어서 좋아요.)

Ⅱ. 읽어 봅시다
1. 1) 서울: ②, ④ 2) 여행사: ③ 3) 강릉: ①, ⑤
2. 1) O 2) X 3) X
3. 1) (일을 하면서 한국말 공부도 해서) 바쁘니까
   2) 설악산과 바다가 가까워서

Ⅲ. 들어 봅시다
1. 1) ① 2) ① 3) ② 4) ②
2. 1) ② 2) ② 3) ① 4) ②
3. 1) O 2) X 3) X
4. 가려고 해요., 자는 게 어때요?
5. 1) ①, ③
   2) (값이) 싸고 외국 사람들에게 한국 요리를 가르쳐 줍니다.
6. 게스트하우스에 있을 거예요.
   여행을 가는 게 어때요?

19-2 여행 준비

Ⅰ. 준비해 봅시다
1) ① (여권이 있어야 합니다.)
2) ① (약을 샀어요.)
3) ② (휴대 전화 충전기를 준비하세요.)
4) ① (가방을 싸고 있어요.)

Ⅱ. 읽어 봅시다
1. ①
2. 1) ○ 2) X 3) X
3. 1) 레이첼 씨 부모님께 드릴 선물을 사려고 합니다.
   2) 인터넷으로 비행기 표를 샀습니다.

Ⅲ. 들어 봅시다
1. 1) ② 2) ② 3) ① 4) ①
2. 1) ② 2) ① 3) ② 4) ①
3. 1) X 2) O 3) X
4. 못 했어요, 못 하고 있어요.
5. 1) ③ 2) 호텔에서 충전기를 빌릴 수 있습니다.
6. 지금 싸고 있어요.
   충전기를 빌릴 수 있어요.

20-1 방학

Ⅰ. 준비해 봅시다
1) X 2) X 3) O 4) X

Ⅱ. 읽어 봅시다
1. 1) ② 2) ④ 3) ① 4) ③
2. 1) O 2) X 3) X

3. 1) 유키가 선생님께 쓴 편지입니다.
2) 바빠서 연락을 자주 못 했습니다.

Ⅲ. 들어 봅시다
1. 1) 빨래 2) 숙제 3) 공부 4) 식사
2. 1) ② 2) ① 3) ① 4) ②
3. 1) X 2) O 2) O
4. 먹으러, 가기 전에
5. 1) ③ 2) 가족들에게 줄 선물을 사러 가려고 해요.
6. 수업을 시작하기 전에,
2급 공부도 하겠습니다.

20-2 휴일

Ⅰ. 준비해 봅시다
1) ② (가: 어디 여행가요?
나: 네, 1월 1일이어서 고향에 가요.)
2) ③ (가: 에릭 씨는 왜 오늘 회사에 안 와요?
나: 오늘부터 다음 주 화요일까지 쉬어요.)
3) ① (가: 내일 쉬는 날이에요?
나: 네, 5월 5일에는 쉬어요.)

Ⅱ. 읽어 봅시다
1. ④
2. 1) X 2) ○ 3) ○
3. 1) 학교도 쉬고 회사도 쉽니다.
2) 여행을 가는 사람이 많아서 복잡합니다.

Ⅲ. 들어 봅시다
1. 1) ① 2) ② 3) ① 4) ②
2. 1) ② 2) ④ 3) ① 4) ③
3. 1) X 2) X 3) ○
4. 복잡하지 않아요?, 탈 수 있고요.
5. 1) ④ 2) 레오 씨 식당은 음식이 맛있고 값도 싸요.
6. 설날에도 바쁘군요.
값도 싸고요.

◆ 복습
1. 대화를 듣고 대답하십시오.
1) ①
2) ③
3) 갈비를 먹을 계획입니다.

2. 다음을 읽고 질문에 답하십시오.
1) ④
2) ④

색인

어휘 색인

ㄱ

가게 3과 2항
가깝다 10과 1항
가끔 5-6 복습
가로수길 17과 1항
가르치다 4과 1항
가방 2과 2항
가방을 싸다 19과 2항
가수 1과 2항
가을 18과 2항
가족 5과 1항
간호사 1과 2항
갈비 7과 2항
갈비탕 7과 2항
값 7과 2항
강 5과 1항
강릉 16과 1항
강원도 19과 1항
개 7과 2항
개천절 8과 1항
거기 7과 2항
건너다 17과 2항
건너편 17과 2항
걷다 8과 2항
걸어서 17과 1항
게스트하우스 19과 1항
게임하다 4과 2항
겨울 9과 1항
결혼하다 11과 2항
결혼식 11과 2항
경주 16과 2항
경찰 1과 2항
경치 5과 2항
계시다 12과 1항
계획 9과 2항
고등학생 12과 1항
고르다 14과 2항
고속버스 16과 1항
고속버스터미널 16과 2항
고향 5과 1항
공기 5과 2항
공부하다 4과 2항
공원 4과 2항
공책 4과 1항
공항 16과 1항
공항버스 16과 1항
공항철도 16과 2항
과일 7과 1항
과자 2과 2항
광주 16과 2항
광화문 13과 2항
괜찮다 9과 1항
교과서 5과 1항
교수 1과 2항
교실 2과 1항
교통 16과 1항
구경하다 9과 1항
구두 13과 1항
국가번호 15과 1항
국립중앙박물관 17과 1항
국수 20과 1항
국적 1과 1항
권 13과 2항
그것 2과 1항
그곳 9과 1항
그래서 9과 1항
그럽시다 11과 1항
그렇지만 5-6 복습
그릇 7과 2항
그리고 6과 1항
그림 2과 1항
근처 3과 2항
글쎄요 18과 2항
금요일 8과 1항
기다리다 4과 1항
기분 13-14 복습
기숙사 3과 1항
기자 1과 2항
기차 16과 1항
기차역 16과 2항
기차표 10과 2항
길 17과 2항
길다 7과 1항
김밥 7과 2항
김치찌개 7과 1항
깨끗하다 5과 2항
꽃이 피다 18과 1항
끝나다 8과 2항

ㄴ

나무 18과 1항
나쁘다 3과 2항
나오다 17과 2항
나중에 17-18 복습
날마다 6과 1항
날씨 3과 2항
남동생 12과 1항
남산한옥마을 9과 2항
남자 5과 1항
남쪽 17-18 복습
내일 7-8 복습
냉면 7과 1항
너무 10과 2항
넓다 3과 2항

네 1과 1항
넥타이 14과 1항
노란색 13-14 복습
노래 12과 1항
노래를 부르다 12과 2항
노르웨이 1과 1항
놀다 5과 1항
놀이공원 11과 2항
놀이기구 11과 2항
농구 9과 1항
누구 4과 1항
누나 12과 1항
눈 18과 1항
눈사람 18과 1항
눈싸움하다 18과 1항
뉴욕 12과 1항
늦게 10과 1항
늦다 16과 1항

ㄷ

다 19과 2항
다르다 13과 1항
다시 9과 2항
다음 9과 2항
단어 5-6 복습
단어 시험 11과 1항
단풍 18과 2항
단풍이 들다 18과 2항
닫다 18과 1항
달다 7과 1항
달력 2과 1항
닭갈비 7과 1항
대구 5과 2항
대사관 8과 2항
대전 16과 1항
대학생 1과 2항
더 13과 1항
더럽다 5과 2항
덥다 3과 2항
데이트하다 9과 2항
도서관 3과 1항
도와주다 5-6 복습
독일 1과 2항
돈 2과 2항
돈가스 10과 1항
돈을 바꾸다 19과 2항
동대문시장 13과 1항
동생 12과 1항
되다 12과 1항
두껍다 13과 1항
뒤 3과 1항
듣다 4과 2항
등산 5과 1항
딸기 13-14 복습
또 19과 1항
똑바로 17과 1항

ㄹ

라면 7과 2항
러시아 1과 1항

ㅁ

마시다 4과 1항
마을버스 17과 2항
마포 15-16복습
막국수 19-20 복습
만 13과 2항
만나다 4과 1항
만들다 7과 1항
많다 3과 2항
말하기 20과 1항
맑다 18과 1항
맛 7과 1항
맛없다 7과 1항
맛있다 7과 1항
맞다 16과 2항
맥주 9과 1항
머리 7과 1항
먹다 4과 1항
먼저 9-10 복습
멀다 7과 1항
메모하다 20과 1항
며칠 8과 1항
명 12과 1항
명동 10과 1항
몇 6과 1항
모두 12과 1항
모레 10과 1항
모스크바 18과 1항
모자 2과 2항
목요일 8과 1항
무겁다 13과 1항
무섭다 11과 2항
무엇 1과 2항
문구점 3과 1항
문법 5-6 복습
문자 메시지 15-16 복습
묻다 8과 2항
물 2과 2항
물건 2과 1항
미국 1과 1항
미술관 11과 2항
미터 17과 1항
민박집 19과 1항
민속촌 19-20 복습

ㅂ
바꾸다 15과 2항
바다 5과 1항
바람이 불다 18과 1항
바쁘다 5과 2항
바지 10과 1항
반[1] 6과 1항
반[2] 8과 1항
밥 4과 2항
방 3과 2항
방학 19과 1항
방학하다 20과 1항
배우 1과 2항
배우다 4과 1항
버스 4과 1항
번 6과 2항
벌 13과 2항
베이징 5과 1항
베트남 1과 1항
병 7과 2항
병원 5과 1항
보내다 15-16 복습
보다[1] 4과 1항
보다[2] 13과 1항
보여 주다 15과 1항
보통 8과 2항
복잡하다 5과 2항
볼펜 2과 2항
봄 18과 2항
부산 9과 2항
부모님 12과 1항
부산 8과 1항
분 3-4 복습
불고기 7과 1항
브라질 1과 1항
비빔밥 7과 1항
비싸다 7과 2항
비행기 16과 1항
비행기 표 19과 2항
빌리다 10과 2항
빨간색 13-14 복습
빨래 11과 1항
빨래하다 9과 2항
빨리 8과 1항
빵 4과 1항
빵집 4과 2항

ㅅ
사거리 17과 1항
사계절 18과 2항
사과 7과 1항
사다 4과 1항
사람 1과 1항
사무실 3과 1항
사진을 찍다 10과 1항
산 5과 1항
산책 5과 1항
산책하다 4과 2항
살다 7-8복습
삼계탕 7과 1항
삼월 8과 1항
상수동 15-16 복습
상품권 14과 1항
생물학 12과 1항
생선회 8과 1항
생일 8과 1항
생일 축하 노래 14과 2항
생일 파티 14과 2항
생활 6과 2항
샤워하다 8과 2항
서대문우체국 17과 2항
서울 8과 1항
서울대공원 11과 2항
서점 3과 1항
서핑 9과 1항
선글라스 19과 2항
선물 14과 1항
선선하다 18과 1항
설날 20과 2항
설악산 19과 1항
세수하다 8과 2항
소설책 14과 1항
소풍가다 18과 2항
손님 8과 2항
쇼핑하다 9과 2항
수업 6과 1항
수영하다 5과 1항
수영장 9과 1항
수요일 8과 1항
수원 화성 19-20 복습
숙제하다 4과 2항
쉬다 6과 2항
스키를 타다 9과 1항
스키장 9과 1항
슬리퍼 19과 2항
시 6과 1항
시간 6과 1항
시계 2과 1항
시끄럽다 3과 2항
시내 10과 1항
시다 7과 1항
시드니 17-18 복습
시디 13과 2항
시월 8과 1항
시작하다 6과 1항
시장 12과 1항

시험 8과 1항
시험공부 16과 1항
식당 3과 1항
식사 7-8 복습
신문 12과 1항
신발 13과 2항
신사역 17과 1항
신촌 3-4 복습
실례지만 17과 1항
심심하다 7과 2항
싱가포르 19과 2항
싸다 9과 1항
쓰다 4과 1항
씨 1과 2항

ㅇ

아내 13과 1항
아니요 1과 2항
아르바이트하다 4과 2항
아름답다 5과 2항
아버지 12과 1항
아이 7과 1항
아주 3과 2항
아주머니 13과 1항
아침 8과 2항
아홉 6과 1항
안 3과 1항
안경 2과 2항
안경점 17과 2항
안내 17과 2항
안내하다 20과 1항
안녕하십니까 1과 1항
안동 16과 2항
알다 15과 1항
앞 3과 1항
액세서리 14과 1항
야구 9과 1항
야구장 9과 1항
약 19과 2항
약속 11과 1항
약속 시간 11과 1항
약속 장소 11과 1항
약속하다 11과 1항
얇다 13과 1항
양말 13과 2항
어느 1과 2항
어느 쪽 17과 1항
어디 3과 1항
어떻다 3과 2항
어렵다 5-6 복습
어린이날 20과 2항
언제 6과 1항
언제나 13과 1항
얼마 13과 1항
없다 2과 2항
엔(N) 서울 타워 10과 1항
여권 19과 2항
여기 1-2 복습
여기요 13과 1항
여덟 6과 1항
여동생 12과 1항
여러 가지 11과 2항
여러분 6과 2항
여름 9과 1항
여보세요 15과 1항
여자 5과 1항
여행 10과 2항
여행사 12과 1항
여행하다 9과 2항
역사 17과 1항
연락 20과 1항
연락드리다 20과 1항
연락을 받다 15과 2항
연습 20과 1항
연습하다 14과 2항
연필 2과 2항
열심히 12과 1항
열하나 6과 1항
영국 1과 1항
영어 4과 1항
영화 6과 1항
영화관 11과 2항
영화표 10과 2항
옆 3과 1항
예매하다 10과 2항
예쁘다 5과 2항
예습 11과 1항
예약하다 10과 2항
오늘 7과 1항
오래 10과 2항
오른쪽 17과 1항
오전 6과 1항
오후 6과 1항
왜 10과 2항
올레길 5과 2항
올림 20과 1항
옷 6과 2항
옷걸이 2과 1항
옷장 3과 2항
와이셔츠 13과 1항
외국 17과 1항
외국인 17과 1항
왼쪽 17과 1항
요리 7과 1항
요리사 1과 2항
요일 8과 1항

요즘 9과 1항
용산 가족공원 17과 1항
용인 19-20 복습
우동 7과 2항
우리 2과 1항
우산 2과 2항
우유 7과 1항
우체국 3과 1항
운동하다 4과 2항
운동화 13과 1항
운전기사 16과 1항
월 8과 1항
월요일 8과 1항
위 3과 1항
유월 8과 1항
유자차 7과 1항
육교 17과 2항
은행 3과 1항
은행원 1과 2항
음식 5과 1항
음악 4과 2항
의사 1과 2항
의자 2과 1항
이것 2과 1항
이날 8과 1항
이를 닦다 8과 2항
이름 1과 1항
이야기하다 4과 2항
이제 15과 1항
이쪽 17과 1항
이태원 3-4 복습
인기가 많다 9과 1항
인사 1과 1항
인사동 10과 1항
인천 9과 2항
인터넷 16과 1항
인형 3과 1항
일[1] 8과 1항
일[2] 8과 1항
일기 10과 1항
일본 1과 1항
일식 7과 1항
일어나다 8과 2항
일하다 3-4 복습
읽다 4과 1항
있다 2과 2항

ㅈ

자다 8과 2항
자루 13과 2항
자르다 14과 2항
자장면 7과 1항
자전거 16과 1항
자주 4과 1항
작년 12과 1항
작다 3과 2항
잔 7과 2항
잘 5-6 복습
잘못 10과 2항
잘하다 5-6 복습
잠 19과 1항
잠깐만요 15과 1항
잡채 8과 1항
장 13과 2항
장소 16과 1항
재미없다 5과 2항
재미있다 5과 2항
저1 1과 1항
저2 2과 1항
저것 2과 1항
저녁 6과 1항
적다 3과 2항
전 19과 1항
전주 16과 1항
전화하다 15과 1항
전화가 오다 15과 2항
전화를 걸다 15과 2항
전화를 받다 15과 2항
전화번호 15과 1항
점심 6과 1항
젓가락 16과 1항
정류장 16과 2항
정말 10과 2항
정문 17과 1항
제 1과 1항
제일 9과 1항
조금 3과 2항
조용하다 3과 2항
좀[1] 8과 2항
좀[2] 15-16 복습
종로 11과 2항
종이 16과 1항
좋다 3과 1항
죄송하다 20과 1항
주문 7과 2항
주스 2과 2항
준비하다 14과 1항
줄 7과 2항
중국 1과 1항
중국 음식 7과 1항
지갑 2과 2항
지금 4과 2항
지난 10과 1항
지난달 10과 1항
지내다 20과 1항
지도 2과 1항

지역번호 15과 1항
지우개 2과 1항
지하도 17과 2항
지하철 16과 1항
직업 1과 2항
집 7과 1항
짧다 13과 1항
쪽 6과 2항
쯤 11과 2항
찜질방 4과 2항

ㅊ

차[1] 7과 1항
차[2] 13과 1항
창덕궁 12과 2항
창문 8과 2항
채소 20과 1항
책 4과 1항
책상 2과 1항
청계천 17과 2항
축구 9과 1항
춘천 9과 2항
출구 17과 2항
춤 12과 1항
춤을 추다 18과 2항
충전기 19과 2항
취미 11~12 복습
층 7과 2항
치즈 14과 2항
친구 1과 2항
친절하다 5과 2항
칠판 2과 1항

ㅋ

카드를 쓰다 14과 2항
카페 11과 2항
칼국수 11과 2항
캐나다 1과 1항
커피 4과 1항
커피숍 3과 2항
컴퓨터 2과 1항
케냐 1과 1항
케이크 14과 2항
켤레 13과 2항
코엑스 9-10 복습
코트 13과 1항
콘도 19과 1항
콘서트 표 9-10 복습
콜라 7과 2항
크다 3과 2항
크리스마스 20과 1항

ㅌ

타다 6과 2항
탁구를 치다 9과 1항
탕수육 7과 1항
태권도 9과 1항
택시 16과 1항
테니스를 치다 9과 1항
테니스장 9과 1항
텔레비전 2과 2항
토요일 8과 1항

ㅍ

판 7과 2항
팔월 8과 1항
팔다 14과 1항
펜션 19과 1항
편의점 3과 1항
편지 16과 1항
편하다 16과 1항
평창 19과 1항
프랑스 1과 1항
프로그램 20과 2항
피곤하다 10과 1항
피시방 4과 2항
피자 7과 2항

ㅎ

하고 3과 2항
하나 6과 1항
하노이 12과 1항
하루 8과 2항
하숙집 11과 1항
하얀색 13과 1항
학기 19과 2항
학기 중 20과 1항
학생회관 3과 1항
한가하다 5과 2항
한국 1과 1항
한국말 4과 1항
한국어 5-6 복습
한글날 8과 1항
한글박물관 11과 2항
한라산 5과 2항
한복 13과 2항
한식 7과 1항
한식집 7과 2항
할머니 12과 1항
할아버지 12과 1항
해수욕장에 가다 18과 2항
형 12과 1항
형제 12과 1항
호 6과 2항
호수 5과 1항

호주	1과 1항
호텔	10과 2항
화요일	8과 1항
혼자	4과 2항
홍대	9과 2항
화장실	3과 1항
화장품	14과 1항
회사원	1과 2항
회의	8과 2항
회의 중	15과 2항
횡단보도	17과 2항
후	11과 1항
휴가	20과 2항
휴대 전화	2과 2항
휴일	20과 2항
휴지	2과 2항
흐리다	18과 1항
힘들다	10과 2항
힙합	7과 1항
2급	20과 1항
KTX	16과 1항

Chinese Version

새 연세한국어 듣기와 읽기 1-2

별책부록

新延世韩国语 听力与阅读

연세대학교 한국어학당 편

연세대학교 출판문화원

前言

延世大学韩国语学堂是在1959年成立的韩国最早的外国人韩国语教育机构。延世大学韩国语学堂为了满足此前的历史和名声，编纂了各种韩语教材，同时不断 相关的研究。迄今为止，我校对全世界约147个国家的14万名韩国语学生进行了韩语和韩国文 化的教育，最近不仅在线下进行韩语教育，还为世界各国的学生开设了全球性的“大型开放式网络课程（MOOC讲座)”，受到了广大学生的热烈响应。尤其是根据最近以飞快的速度变化的教育环境，为开发新的教学 方法和教学资料等等而在进行不断地努力。

延世大学韩国语学堂一直以来都是不仅针对普通目的的韩国语学生，同时针对特殊目的 的韩国语学生，开设正规课程、短期课程、大学韩语课程等多种教育课程，并开发出满足学生要 求的最佳教材。这些教材目前被广泛使用在国内外的韩国语教育机构中，满足教师和学生的多 种要求。

延世大学韩国语学堂是继此前一直受到最大好评的"延世韩国语"1级~6级之后，发行的新 系列韩语教材——《新延世韩国语》。为了开发此教材，将韩语教育现场经验丰富的专业韩语教 育学者及教师们大批地投入到了其中，并以最佳的韩语教学方法和学生群体的理解为基础，经 过长期的开发，完成了开发工作。

此次出版的《新延世韩国语》系列共6个阶段，每个阶段由词汇与语法教材、口语与写作教 材、听力与阅读教材几部分构成。‘新延世韩国语词汇与语法’是以每个阶段韩国语学生必须熟 练掌握的主要词汇和语法的理解和活用为中心而构成。‘新延世韩国语口语与写作’是为了能够 灵活运用韩语进行语言沟通，主要以口语、写作练习题构成。另外，‘新延世韩国语听力与阅读’ 是以听力、阅读练习题为中心，来培养出符合各级别熟练程度的理解能力。这三本教材可以为 培养词汇 · 语法、表达、理解能力作为一系列的教材同时使用，也可以根据教育现场条件或学 生的要求另行使用。此外在词汇与语法教材中，另外附有指南书，这对于教育经验不足的国内 外的韩国语教师来说，可以成为有用的向导。

延世大学韩国语学堂今后也将致力于开发符合全世界韩国语学生要求并不辜负期待的韩 国语教材。同时希望本教材在国内外能为韩国语教育付出努力的教师们和为了学习韩语而努 力的所有学生都能给予帮助。

延世大学语言研究教育院

韩国语学堂教材编纂委员会

凡例

1. 本教材与《新延世韩国语1词汇与语法》、《新延世韩国语1口语与写作》同时出版，是为韩国语初级者而编撰的教材。

2. 本教材是为了培养韩国语初级者在听读两方面对韩国语的理解能力而研发的理解能力教材。

3. 本教材共由20课组成，每课分2项，共由40项构成。另外有10项复习部分，在每2课结束时进行复习。每一项的上课内容各50分钟，本教材共由50项构成。教材的第一部分对韩字进行了介绍，每2项结束会有介绍韩国文化的部分。

4. 本教材每项由“题目、学习目标、准备一下、读一读(听一听)、听一听(读一读)、请跟着我读、整理一下”5个部分构成。理解教材的每一项都由听力和阅读的技能构成，根据每单元的内容不同听力练习和阅读练习的顺序有所不同。

5. 每课的题目与《新延世韩国语1词汇与语法》相同，但是每项的题目以能代表该项的主要内容作为题目，并且在题目的旁边设有QR码，能便捷地确认录音内容。

6. 学习目标部分，列出了“能理解~”，“能理解~相关的内容”等关于理解技能的内容。

7. “准备一下”部分，作为每项的开始部分，为了能更好地理解该单元的阅读和听力内容而做准备。由该单元学习内容和与其有关的重要单词练习构成。但是并不是单纯的单词练习，而是为了能更好地反应出理解教材的特征，使在句子和段落里接触这些单词来帮助学生们理解。

8. “读一读”部分，根据初级阶段的学习目标，将重点放在提高日常生活的书面语沟通能力上，阅读与日常生活有关的内容(便条、简单的说明文和说明文)理解其内容的形式较多。

9. “听一听” 部分，通过练习口语培养能运用在日常生活中的语言沟通能力。听力文本以单个句子的形式开始，然后伸展到短对话，最后到长对话，按照从短到长，从容易到难的顺序练习。特别需要注意的是第三个和第四个练习部分的第二题是通过听录音填空的方法使学生们能准确地理解听到的内容，所以在做前一题的练习时不能让学生看下二题的内容。

10. “请跟着我读” 部分，是为了练习发音的部分，对于阅读文本或听力文本里有音韵变化或学生们容易错误的发音，每单元选出相同规则发音的2个单词，并一起备注本文的句子。

11. “整理一下” 部分，是学生们对该课的内容进行确认和检查的部分，同时通过对其他语言能力的综合性教育来起到强化语言能力的作用。该部分由能同时练习听、说、读、写四个技能的内容构成。

12. “复习”部分，由阅读和听力两部分构成，帮助学生们更好地运用前2课学习的单词和语法等内容。把焦点放在听力和阅读集中其中一方面上，连接其他技能，促进各技能的综合性学习。

13. “文化” 部分，在复习项的最后一部分，配有文化资料和插图。文化部分中，选择了符合理解教材的内容，主要以信息文化而构成。

14. “韩文” 部分，通过读辅音元音、读单词、读句子、听力等几部分培养辨别音素的能力。

15. “附录”部分，提供了标准答案和词汇索引，“别册”部分，同时提供了阅读译文和听力文本及译文。

单元构成

单元	题目	学习目标	语法	文化 (复习项)
第十一课 约会	<1> 约会	能理解与约会相关的内容。	-은 후에 -으니까 (理由)	敬语 和非敬语
	<2> 周末的约会	能理解与周末约会相关的内容。	-는데 (提建议) 이나	
第十二课 家人	<1> 家人的故事	能理解介绍家人的相关内容。	-으시- 께서	
	<2> 我的奶奶	能理解家人的业余爱好。	-으세요[1] (命令) -으세요[2] (陈述)	
第十三课 购物	<1> 东大门市场	能理解与购物相关的内容。	-은[1] (定语形词尾) 보다 (比较)	货币
	<2> 购物	能理解购物场所和单位名词。	-는 (定语形词尾) 에[2] (单位)	
第十四课 生日	<1> 生日礼物	能理解准备生日礼物的内容。	에게(한테/께) -을 (定语形词尾)	
	<2> 生日派对	能理解准备生日派对的内容。	-은[2] (定语形词尾) 르 동사	
第十五课 电话	<1> 电话号码	能理解与电话号码相关的内容。	-지요? -어 주다	首尔的 公共交通
	<2> 电话	能理解与电话相关的内容。	에게서(한테서) -을 수 있다 (可能性&能力)	

单元	题目	学习目标	语法	文化(复习项)
第十六课 交通	<1> 交通	能理解交通方式和所需时间的相关内容。	으로[1] 에서 까지 (场所)	首尔的公共交通
	<2> 机场巴士	能理解利用交通方式的状况。	-어야 하다 마다	
第十七课 探路	<1> 梨泰院	能理解与位置和方向相关的内容。	으로[2] (方向) -으면	赏花和赏红叶
	<2> 带路	能理解带路的内容。	-요? -어서[2] (连接)	
第十八课 天气和季节	<1> 天气	能理解与天气相关的内容。	-는군요 -을 것 같다	
	<2> 四季	能理解与季节活动相关的内容。	-는 것 같다 -으면서	
第十九课 旅行	<1> 旅行计划	能理解与旅行计划相关的内容。	-으려고 하다 -는 게 어때요?	旅游景点
	<2> 旅行的准备	能理解与旅行准备相关的内容。	-고 있다 못	
第二十课 节假日	<1> (学校)假期	能理解与(学校)假期相关的内容。	-기 전에 -겠다[1]	
	<2> 节假日	能理解与节假日相关的内容。	-지 않아요? -고요	

目录

前言 / iii
凡例 / iv
单元构成 / vi
主要人物 / ix

第十一课 约会 ······ 2
第十二课 家人 ······ 10
第十三课 购物 ······ 20
第十四课 生日 ······ 28
第十五课 电话 ······ 38
第十六课 交通 ······ 46
第十七课 探路 ······ 56
第十八课 天气和季节 ······ 64
第十九课 旅行 ······ 74
第二十课 节假日 ······ 82

附录 标准答案 / 92
词汇索引 / 99

别册 翻译/听力原本

第十一课

<1> 约会

学习目标: 能理解与约会相关的内容。

词汇

약속 约会	약속 시간 约会的时间
약속 장소 约会的场所	약속(을) 하다 约定
후 后	빨래 洗衣服
단어 시험 单词测试	그럽시다 这样做吧
예습 预习	하숙집 寄宿房

- **听一听**

1.

(1) 머리가 좀 아프니까 내일 만납시다.
头有点疼, (我们)明天见吧。

(2) 오늘 바쁘니까 내일 만납시다.
今天忙, (我们)明天见吧。

(3) 예쁘니까 이 가방을 사십시오.
真漂亮, 买这个包吧。

(4) 값이 싸니까 이 가방을 사십시오.
价钱好便宜, 买这个包吧。

2.

(1) 숙제를 한 후에 빨래를 해요.
做完作业后洗衣服。

(2) 수업을 들은 후에 아르바이트를 하러 가요.
下课后去打工。

(3) 영화를 본 후에 저녁을 먹어요.
看完电影后去吃晚饭。

(4) 불고기를 만든 후에 가족과 같이 먹어요.
做了烤肉后和家人们一起吃。

3~4.

노라: 흐엉 씨, 이번 일요일에 약속이 있어요?
诺拉: 香, (你)这星期天有约吗?

흐엉: 아니요, 없어요. 다음 주에 단어 시험이 있으니까 오전에 공부를 할 거예요.
香: 不, 没有。下星期有单词测试, 我准备上午学习。

노라: 그럼 공부를 한 후에 백화점에서 같이 쇼핑을 할까요?
诺拉: 那我们学完后一起去百货商店逛街吧?

흐엉: 좋아요. 노라 씨. 신촌백화점 앞에서 두 시에 만납시다.
香: 好的, 诺拉。新村百货商店两点见。

5~6.

가: 에릭 씨, 이번 토요일에 약속이 있어요?
甲: 埃里克, (你)这星期六有约吗?

나(에릭): 아니요. 없어요. 숙제가 좀 많으니까 오전에 숙제를 할 거예요. 오후에는 시간이 있어요.
乙(埃里克): 不, 没有。作业有点多, 上午准备做作业。下午有时间。

가: 그럼 숙제를 한 후에 같이 축구를 할까요.?
甲: 那做完作业一起踢足球怎么样?

나(에릭): 좋아요. 축구를 한 후에 저녁도 같이 먹을까요?
乙(埃里克): 好啊。踢完足球晚饭也一起吃吧?

가: 그럽시다. 그럼 몇 시에 어디에서 만날까요?
甲: 好。那几点在哪儿见呢?

나(에릭): 한 시에 주앙 씨 집 근처 공원 앞에서 만납시다.
乙(埃里克): 一点在胡安家附近的公园门口见吧。

- **读一读**

我每天上午学习韩语。
下课后吃午饭,然后去图书馆做作业。
图书馆很安静,所以经常去那儿做作业。
做完作业后回寄宿房。
在寄宿房吃完晚饭后,在家附近散步。
偶尔也和朋友一起打乒乓球。
一般周末都有约。
有时候和朋友去看电影,有时候去看演唱会。
这周末想和朋友一起看电影,然后去购物。

<2> 周末的约会

学习目标: 能理解与周末约会相关的内容。

词汇

영화관 电影院	미술관 美术馆
카페 咖啡厅	놀이공원 游乐园
서울대공원 首尔大公园	여러 가지 各种
놀이기구 游乐设施	무섭다 害怕
한글박물관 韩文博物馆	쯤 左右
종로 钟路	결혼하다 结婚
결혼식 结婚典礼, 婚礼	칼국수 刀削面

- **读一读**

杰西卡周末见了男朋友。
男朋友想去游乐园玩,所以去了首尔大公园。
首尔大公园很大很美丽。
那儿还有游乐园和美术馆。
天气虽然很冷,但是首尔大公园里人很多。
他们两个人先去了美术馆。
在美术馆看了画,然后散了步。
接着吃完午饭后,去了游乐园。
坐了很多游乐设施。
虽然有点害怕,但是很有意思。

- **听一听**

1.

(1) 두 시나 세 시에 만납시다.
两点或三点见吧。

(2) 주말에 청소나 등산을 합니다.
周末打扫卫生或者去登山。

(3) 된장찌개나 삼계탕을 먹고 싶어요.
(我)想吃大酱汤或参鸡汤。

(4) 카페나 영화관에서 친구를 만나요.
在咖啡厅或电影院见朋友。

2.

(1) 가: 날씨가 좋은데 산책할까요?

甲: 天气很好, 去散步吧?

나: 좋아요. 산책하러 갑시다.

乙: 好, 去散步吧。

(2) 나: 저 식당에 사람이 많지 않은데 저 식당에 갈까요?

乙: 那个食堂人不多, 去那个食堂吧?

나: 네, 그럽시다.

甲: 好, 就那样做吧。

(3) 가: 오늘은 일이 많은데 내일 만날까요?

甲: 今天事情很多, 明天见吧?

나: 네, 그럼 내일 만납시다.

乙: 好, 那就明天见吧。

(4) 가: 더운데 창문을 좀 열까요?

甲: 好热, 开点窗吧?

나: 네, 그럽시다.

乙: 嗯, 好的。

3~4.

가: 유키 씨, 용산에 한글박물관이 있는데 같이 갈까요?

甲: 由希, 龙山有韩文博物馆, 一起去怎么样?

나(유키): 그래요? 주말에 시간이 있는데 이번 토요일에 갈까요?

乙(由希): 是吗? (我)周末有时间, 这星期六去吧?

가: 네, 좋아요. 오후에는 사람이 많으니까 오전에 갑시다.

甲: 嗯, 好的。下午人很多, (我们)上午去吧。

나 (유키): 네, 그럼 10시나 11시쯤에 만날까요?

乙(由希): 好, 那10点或11点左右见怎么样?

5~6.

윤아: 올리비아 씨, 내일 친구가 종로에서 결혼을 하는데 같이 갈까요?

允儿: 奥莉维亚, (我)明天有朋友在钟路结婚, (跟我)一起去吧?

올리비아: 좋아요, 윤아 씨. 저도 한국에서 결혼식을 보고 싶었어요.

奥莉维亚: 好的, 允儿。我也想在韩国参加一下婚礼。

윤아: 네, 그럼 결혼식이 끝난 후에 명동이나 남대문시장에 갈까요?

允儿: 嗯, 那婚礼结束后, 去明洞或南大门市场怎么样?

올리비아: 그래요. 저는 명동에서 쇼핑을 하고 싶어요.

奥莉维亚: 好啊, 我想去明洞购物。

윤아: 그럽시다. 쇼핑을 하고 저녁도 같이 먹을까요?

允儿: 好的。购物完一起吃晚饭吧?

올리비아: 네, 명동에서 칼국수를 먹읍시다.

奥莉维亚: 好, 去明洞吃刀削面吧。

第十二课

<1> 家人的故事

学习目标: 能理解介绍家人的相关内容。

词汇

모두 都, 全部	동생 弟弟, 妹妹
누나 姐姐	할머니 奶奶
계시다 在(敬语)	아버지 爸爸
명 名	형 哥哥
여동생 妹妹	부모님 父母
뉴욕 纽约	생물학 生物学
작년 去年	되다 成为
열심히 用功, 努力	노래 歌
춤 舞蹈	할아버지 爷爷
시장 市场	신문 报纸
형제 兄弟	남동생 弟弟
고등학생 高中生	하노이 河内
여행사 旅行社	

- **读一读**

我们家一共有五口人。
爸爸、妈妈、哥哥、妹妹和我。
我的父母在巴西。
爸爸是医生，妈妈是老师。
妈妈在教英语。
哥哥是公司职员，在美国纽约工作。
妹妹在大学学习生物学。
我想成为歌手，所以去年来了韩国。
我现在在韩国努力学习韩语。
也在学唱歌和跳舞。

- **听一听**

1.

(1) 할아버지께서 주무십니다.

爷爷在睡觉。

(2) 할머니께서 책을 보십니다.

奶奶在看书。

(3) 어머니께서 운동하십니다.

妈妈在做运动。

(4) 아버지께서 요리하십니다.

爸爸在做饭。

2.

(1) 가: 어머니께서 지금 무엇을 하십니까?

甲: 妈妈现在在做什么?

나: 시장에서 과일을 사십니다.

乙: 在市场买水果。

(2) 가: 언니는 무엇을 합니까?

甲: 姐姐在做什么?

나: 빨래를 합니다.

乙: 在洗衣服。

(3) 가: 할머니께서 무엇을 하십니까?

甲: 奶奶在做什么?

나: 빵을 잡수십니다.

乙: 在吃面包。

(4) 가: 아버지께서 무엇을 하십니까?

甲: 爸爸在做什么?

나: 신문을 보십니다.

乙: 在看报纸。

3~4.

노라: 우진 씨, 형제가 있습니까?

诺拉: 宇振, 你有兄弟姐妹吗?

우진: 네, 여동생이 있습니다.
宇振: 是的，有妹妹。
노라: 동생은 무엇을 합니까?
诺拉: 妹妹在做什么?
우진: 제 동생은 고등학생입니다. 의사가 되고 싶어합니다.
宇振: 妹妹是高中生，她想当医生。

5~6.
가: 흐엉 씨, 부모님께서 어디에 계십니까?
甲: 香，(你)父母在哪儿?
나(흐엉): 베트남 하노이에 계십니다.
乙(香): 在越南河内。
가: 흐엉 씨 부모님은 무엇을 하십니까?
甲: 你的父母在做什么?
나(흐엉): 아버지는 은행에서 일하시고 어머니는 여행사에서 일하십니다.
乙(香): 我爸爸在银行工作，我妈妈在旅行社工作。
가: 그럼 어머니께서 한국에도 오십니까?
甲: 那你妈妈也来韩国吗?
나(흐엉): 네, 여행사에서 일하셔서 가끔 오십니다.
乙(香): 是的，因为在旅行社工作，所以偶尔会来。

<2> 我的奶奶

学习目标: 能理解家人的业余爱好。

词汇

노래를 부르다 唱歌　　창덕궁 昌德宫

- **读一读**

这位是我的奶奶。
我的奶奶是烹饪老师。
因为教得好，所以人气很高。
她喜欢韩国歌手。
所以在家经常听韩国音乐。
奶奶想去韩国歌手的演唱会。
所以我预订了演唱会票。
下周我奶奶来韩国。
我将和奶奶一起去看演唱会。
看完演唱会后还要去吃韩国菜。

- **听一听**

1.
(1) 아버지께서 학교에 가세요.
爸爸去学校。
(2) 할아버지께서 창문을 닫으세요.
爷爷关窗。
(3) 할머니께서 불고기를 만드세요.
奶奶做烤肉。
(4) 어머니께서 일찍 주무세요.
妈妈很早睡。

2.
(1) 윤아 씨, 윤아씨는 무슨 음식을 좋아하세요?
允儿，你喜欢什么菜?
(2) 윤아 씨 아버지께서 무슨 음식을 좋아하세요?
允儿，你爸爸喜欢什么菜?
(3) 윤아 씨, 윤아 씨는 어디에 사세요?
允儿，你住在哪儿?
(4) 윤아 씨 할아버지께서 어디에 사세요?
允儿，你爷爷住在哪儿?

3~4.
유키: 존 씨, 어머니께서 어디에 계세요?
由希: 约翰，你妈妈住在哪儿?
존: 케냐에 계세요. 선생님이세요.
约翰: 在肯尼亚。(她)是老师。
유키: 어머니께서 무엇을 좋아하세요?
由希: (你)妈妈喜欢什么?
존: 그림을 좋아하세요. 그림을 자주 그리세요.
约翰: 喜欢画，(她)经常画画。

5~6.
에릭: 우진 씨, 다음 주에 우리 부모님께서 한국에 오세요. 부모님하고 어디에 갈까요?
埃里克: 宇振，下周我爸妈来韩国。我和爸妈去哪儿好呢?
우진: 에릭 씨 부모님께서 무엇을 좋아하세요?
宇振: 埃里克(你)父母喜欢什么?
에릭: 사진을 좋아하세요. 사진을 많이 찍으세요.
埃里克: 喜欢拍照，经常拍照。
우진: 그럼 창덕궁에 가세요. 창덕궁이 아름다워서 사람들이 사진을 찍으러 많이 가요.
宇振: 那去昌德宫吧。昌德宫很美丽，所以很多人去那儿拍照。
에릭: 창덕궁을 구경하고 점심에 무엇을 먹을까요?
埃里克: 看完昌德宫，午饭吃什么好呢?
우진: 삼계탕이 맵지 않으니까 삼계탕을 드세요.
宇振: 参鸡汤不辣，吃参鸡汤吧。

第十一课 - 第十二课　复习

I.
가(유키): 윤아 씨는 고향에 자주 가세요?
甲(由希): 允儿(你)经常回家乡吗?
나(윤아): 네, 자주 가요. 제주도는 경치가 아름다우니까 유키 씨도 한번 놀러 오세요.
乙(允儿): 是的，经常回。济州岛风景很美，由希你也来玩一次吧。
가(유키): 저도 시험이 끝난 후에 제주도에 가고 싶어요.
甲(由希): 这次考试结束后，我也想去济州岛。
나(윤아): 그럼 이번 주말에 같이 제주도에 갈까요?
乙(允儿): 那这周末一起去济州岛?
가(유키): 제가 이번 주말은 좀 바쁜데 다음 주말은 어때요?
甲(由希): 我这周末有点忙，下周末怎么样?
나(윤아): 다음 주말도 괜찮아요. 우리 집에 방이 많으니까 우리 집에 오세요.
乙(允儿): 下周末也没关系。我们家房间很多，来我们家吧。
가(유키): 정말이요? 감사합니다. 그럼 토요일 몇 시에 가요?
甲(由希): 真的吗?谢谢。那星期六几点去?
나(윤아): 오전 10시나 11시는 어때요?
乙(允儿): 上午十点或十一点怎么样?

II.

我们家一共4口人。
父母在济州岛，哥哥和我在首尔。
爸爸是公司职员，他喜欢拍照，所以经常去山或大海拍照。
妈妈是老师，她经常看书。
哥哥是记者，他的爱好是做菜。
我是高中生，我喜欢画，所以经常画画。

韩国的文化：敬语和非敬语

在韩语中，随着说话人和听话人的关系的不同，敬语和非敬语的使用方法便不同。一般初次见面时，或是遇到对方比自己年龄大的情况下使用敬语。对与自己关系亲密的人或比自己年龄小的人使用非敬语。另外在公司或者比较正式的场合下需使用'-습니다/ㅂ니다'。

第十三课

<1> 东大门市场

学习目标：能理解与购物相关的内容。

词汇

짧다 短	무겁다 重
두껍다 厚	구두 皮鞋
얇다 薄	차[2] 车
보다[2] 比	더 更
여기요 服务员(这里)	얼마 多少
코트 大衣	동대문시장 东大门市场
다르다 不同	아주머니 大妈
언제나 (不管)什么时候	아내 妻子
하얀색 白色	와이셔츠 衬衫
운동화 运动鞋	

• **听一听**

1.

(1) 얇은 책을 읽고 싶어요.
(我)想读(很)薄的书。

(2) 저는 긴 치마를 자주 입어요.
我经常穿长裙。

(3) 비싼 차를 사고 싶어요.
(我)想买贵的车。

(4) 큰 가방을 좋아해요.
喜欢大的包。

2.

(1) 가: 빵을 좋아해요?
甲：喜欢面包吗？
나: 아니요, 저는 빵보다 밥을 좋아해요.
乙：不，比起面包我更喜欢饭。

(2) 가: 누가 더 커요?
甲：谁更高？
나: 언니보다 동생이 더 커요.
乙：妹妹比姐姐更高。

(3) 가: 기숙사가 좋아요? 하숙집이 좋아요?
甲：宿舍好？还是寄宿房好？
나: 저는 기숙사보다 하숙집이 좋아요.
乙：我比起宿舍更喜欢寄宿房。

(4) 가: 축구가 재미있어요? 야구가 재미있어요?
甲：足球有意思？(还是)棒球有意思？
나: 야구보다 축구가 재미있어요.
乙：足球比棒球有意思。

3~4.

가: 노라 씨, 무슨 옷을 사고 싶어요?
甲：诺拉，(你)想买什么衣服？
나(노라): 저는 바지를 사고 싶어요. 이 긴 바지가 어때요?
乙(诺拉)：我想买裙子，这个长裙怎么样？
가: 긴 바지보다 짧은 바지가 더 예뻐요. 값도 싸요.
甲：短裙比长裙更漂亮，价钱也便宜。
나(노라): 그럼 이 짧은 바지를 살까요? 여기요, 이 바지가 얼마예요?
乙(诺拉)：那买这个短裙？服务员这里！这个裙子多少钱？

5~6.

윤아: 노라 씨, 오늘 오후에 같이 쇼핑하러 갈까요?
允儿：诺拉，今天下午一起去购物吧？
노라: 좋아요. 어디에 갈까요?
诺拉：好啊，去哪儿？
윤아: 코엑스는 어때요? 코엑스에 예쁜 옷가게가 많아요. 백화점보다 값도 싸요.
允儿：去COEX怎么样？COEX那儿有很多好看的服装店。价钱也比百货商店便宜。
노라: 그래요? 윤아 씨는 코엑스에서 무엇을 사고 싶어요?
诺拉：是吗？允儿(你)想在COEX买什么？
윤아: 저는 긴 코트를 사고 싶어요. 노라 씨는 무엇을 사고 싶어요?
允儿：我想买件长的大衣。诺拉(你)想买什么？
노라: 저는 가방을 사고 싶어요.
诺拉：我想买包。

• **读一读**

我住在东大门附近。
所以经常去离家很近的东大门市场。
东大门市场又好看质量又好的东西很多。
价钱也不比其他市场贵。
商店的大妈们也都很亲切。
所以不管什么时候人都很多。
上周我和我妻子一起去了东大门市场。
我买了白色的衬衫，我妻子买了运动鞋。
运动鞋不仅价钱很便宜，还很漂亮。

<2> 购物

学习目标：能理解购物场所和单位名词。

词汇

권 本	벌 件
장 张	자루 支

켤레 双
광화문 光化门
양말 袜子
만 万
시디(CD) 光盘

• **读一读**

昨天我和朋友一起去明洞购物了。
明洞服装店很多。
朋友买了体恤衫和裤子。
衣服的价格是两件75000韩元。
我在鞋店买了皮鞋。
一双皮鞋90000韩元。
购物结束后我们去了光化门的书店。
我在书店买了一本书。
朋友在书店旁边的店里买了一张他喜欢的韩国歌手的CD。
今天虽然很累，但是是很有趣的一天。

• **听一听**

1.

(1) 양말 네 켤레에 만 원입니다.
袜子一万韩元四双。

(2) 티셔츠 세 벌에 삼만 원입니다.
体恤衫三万韩元三件。

(3) 공책 두 권에 삼천 원입니다.
笔记本三千韩元两本。

(4) 연필 한 자루에 팔백 원입니다.
铅笔八百韩元一支。

2.

(1) 가: 누가 동생이에요?
甲: 谁是弟弟(妹妹)?
나: 만화책을 읽는 사람이 동생이에요.
乙: 在看漫画的人是弟弟(妹妹)。

(2) 가: 누가 제임스 씨예요?
甲: 谁是杰姆斯?
나: 세수하는 사람이 제임스 씨예요.
乙: 在洗脸的人是杰姆斯。

(3) 가: 누가 해진 씨예요?
甲: 谁是海镇?
나: 요리하는 사람이 해진 씨예요.
乙: 在做饭的人是海镇。

(4) 가: 누가 제인 씨예요?
甲: 谁是简?
나: 노래를 듣는 사람이 제인 씨예요.
乙: 在听歌的人是简。

3~4.

가: 쇼핑하러 자주 가는 곳이 어디예요?
甲: (你)经常去购物的地方是哪儿?
나: 제가 자주 가는 곳은 홍대 앞이에요.
乙: 我经常去的地方是"弘大前"。
가: 저도 이 양말을 홍대 앞에서 샀어요. 세 켤레에 만원이에요.
甲: 我这双袜子也是在弘大前面买的, 一万韩元三双。
나: 양말이 아주 예뻐요.
乙: 袜子真好看。

5~6.

가: 한복을 빌리고 싶어요.
甲: (我)想借韩服。
나: 여기 예쁜 한복이 많이 있어요. 구경하세요.
乙: 这里好看的韩服很多, 看看吧。
가: 세 시간에 얼마예요?
甲: 三个小时多少钱?
나: 한 시간에 만 원이에요. 세 시간에는 이만 오천 원이에요.
乙: 一个小时一万韩元。三个小时两万五千韩元。
가: 여자들이 많이 입는 한복이 어떤 거예요?
甲: 女生们穿得最多的是那种?
나: 여자들은 이 노란색 한복을 많이 입어요.
乙: 女生们穿这个黄色韩服的較多。

第十四课

<1> 生日礼物

学习目标: 能理解准备生日礼物的内容。

词汇

생일 生日
소설책 小说
액세서리 饰品
넥타이 领带
화장품 化妆品
선물 礼物
상품권 商品券
팔다 卖
준비하다 准备

• **读一读**

昨天是我男朋友的生日。
我去了百货商店给男朋友买礼物。
我逛了卖男士用品的百货商店3楼。
好的男士衣服虽然很多，但是有点贵。
我的男朋友是公司职员，天天戴领带。
所以我买了领带。
接着我去了百货商店地下的面包店。
在那儿又买了好看的蛋糕。
晚上把礼物给了男朋友。
男朋友非常喜欢。

• **听一听**

1.

(1) 누나가 남동생에게 소설책을 선물했어요.
姐姐送了小说给弟弟。

(2) 오빠한테 여동생이 옷을 선물할 거예요.
妹妹会送衣服给哥哥。

(3) 여동생이 어머니께 자주 전화를 해요.
妹妹经常给妈妈打电话。

(4) 학생에게 선생님이 공책을 줍니다.
老师送给学生笔记本。

2.

(1) 가: 요즘 바빠요?
甲: 最近忙吗?

나: 네, 할 일이 많아요.
乙: 嗯，最近事情很多。

(2) 가: 어디에 가요?
甲: 去哪儿?

나: 마실 것을 사러 편의점에 가요.
乙: 去便利店买喝的。

(3) 가: 무엇을 샀어요?
甲: 买了什么?

나: 내일 아침에 먹을 빵을 샀어요.
乙: 买了明天早上要吃的面包。

(4) 가: 이게 뭐예요?
甲: 这是什么?

나: 가 친구에게 줄 선물이에요.
乙: 是送给女朋友的礼物。

3~4.

하늘: 윤아 씨에게 줄 선물을 준비했어요?
天空: (你)准备好送给允儿的礼物了吗?

존: 아니요, 준비하지 못했어요. 같이 살까요?
约翰: 不，还没准备，一起去买怎么样?

하늘: 좋아요. 무엇을 살까요?
天空: 好的，买什么呢?

존: 여자들이 좋아하는 액세서리를 삽시다.
约翰: 买女生们喜欢的饰品吧。

5~6.

노라: 리타오 씨, 오늘 뭘 할 거예요?
诺拉: 李涛，(你)今天做什么?

리타오: 어머니께 드릴 선물을 사러 명동에 갈 거예요.
李涛: 去明洞买给妈妈的礼物。

노라: 무엇을 살 거예요?
诺拉: 买什么?

리타오: 화장품을 살 거예요. 어머니가 한국 화장품을 좋아하세요.
李涛: 买化妆品。妈妈喜欢韩国的化妆品。

노라: 저도 옷을 사러 명동에 갈 거예요. 같이 갈까요?
诺拉: 我也要去明洞买衣服。一起去怎么样?

리타오: 좋아요. 노라 씨, 저는 여자 화장품을 잘 모르니까 도와주세요.
李涛: 好啊，诺拉，我不是很懂女生的化妆品，帮帮我吧。

<2> 生日派对

学习目标: 能理解准备生日派对的内容。

词汇

케이크 蛋糕	자르다 切
고르다 选	카드를 쓰다 写卡片
치즈 芝士	생일 축하 노래 生日快乐歌
생일파티 生日派对	연습하다 练习

读一读

5月29日
今天是约翰的生日。
我和朋友们下午选了礼物，还写了卡片。
我们还买了约翰喜欢的芝士蛋糕。
晚上在食堂开了生日派对。
我们班的同学们都来参加了生日派对。
我们唱了提前练习过的生日快乐歌。
给了约翰礼物和我们写的卡片。
约翰很喜欢我们选的礼物。
我们吃了蛋糕，还聊得很开心。

听一听

1.

(1) 선물을 받은 사람이 마이클 씨예요.
收到礼物的人是迈克尔。

(2) 짧은 바지를 입은 사람이 웨이 씨예요.
穿短裤的人是伟。

(3) 창문을 연 사람이 리에 씨예요.
开窗的人是梨花。

(4) 숙제를 한 사람이 제인 씨예요.
做了作业的人是简。

2.

(1) 가:어제 먹은 음식이 뭐예요?
甲: 昨天吃的是什么?

나:불고기예요.
甲: 烤肉。

(2) 가: 어제 같이 공부한 사람이 누구예요?
甲: 昨天一起学习的人是谁?

나: 리타오 씨예요.
乙: 是李涛。

(3) 가: 서점에서 산 책이 뭐예요?
甲: 在书店买的书是什么书?

나: 해리포터예요.
乙: 哈利波特。

(4) 가: 어제 집에서 읽은 게 뭐예요?
甲: 昨天在家读的是什么?

나: 신문이에요.
乙: 报纸。

3~4.

하늘: 존 씨, 우리가 준비한 생일 선물이에요.
天空: 约翰，这是我们准备的礼物。

존: 고마워요. 누가 고른 가방이에요?
约翰 : 谢谢。是谁选的包?

하늘: 노라 씨가 골랐어요.
天空: 是诺拉选的。

존: 가방이 가볍고 좋아요.
约翰： 包很轻很不错。

5~6

윤아: 어제 리타오 씨 생일 파티가 정말 재미있었어요.
允儿: 昨天李涛的生日派对很有意思。

흐엉: 우리가 파티 준비를 많이 했어요.
香: 我们做了很多准备。

윤아: 어제 먹은 케이크가 아주 맛있었어요. 어디에서 샀어요?

允儿: 昨天吃的蛋糕很好吃，是从哪儿买的?

흐엉: 학교 앞에 있는 빵집에서 샀어요.
香: 学校前面的面包店买的。

윤아: 아, 그래요? 어제 리타오 씨에게 선물한 책은 누가 골랐어요?
允儿: 啊，是吗? 昨天送给李涛的书是谁买的?

흐엉: 유키 씨가 골랐어요.
香: 是由希选的。

第十三课 - 第十四课 复习

第十三课 – 第十四课 词汇

빨간색 红色
노란색 黄色
딸기 草莓
기분 心情

I.

昨天是我女朋友的生日。
所以我去给女朋友买礼物了。
我先去了学校附近的花店。
花店里好看的花很多。
我选了红色的玫瑰花。
玫瑰花一朵2000韩元，我买了20朵。
然后去了面包店。
买了女朋友喜欢的草莓蛋糕。
买完花和蛋糕后我去见了女朋友。
把准备的花和蛋糕送给了她。
女朋友很喜欢，所以我心情也非常好。

II.

가: 뭘 찾으세요?
甲: (您)找什么?

나: 여자 친구에게 선물할 꽃을 찾아요.
乙: (我)在找送女朋友的花。

가: 이 노란색 장미꽃은 어때요?
甲: 这个黄玫瑰怎么样?

나: 음... 여자 친구가 노란색보다 빨간색 장미꽃을 더 좋아해요.
乙: 嗯...我女朋友比起黄玫瑰更喜欢红玫瑰。

가: 여기 빨간색 장미꽃도 있어요.
甲: 这边还有红玫瑰。

나: 얼마예요?
乙: 多少钱?

가: 한 송이에 이천 원이에요.
甲: 一朵两千韩元。

나: 스무 송이 주세요.
乙: 给我二十朵。

가: 네, 잠깐만 기다리세요.
甲: 好的，请稍等。

韩国的文化：货币

韩国的货币单位是"원"，汉字写作"圆"，拼音以"WON"表示，符号以"₩"表示。韩国的货币中一共包含4种纸币和6种硬币。纸币分1000韩元、5000韩元、10000韩元、50000韩元4种。硬币分1韩元、5韩元、10韩元、50韩元、100韩元和500韩元6种。韩国银行所开设的货币金融博物馆里收藏了韩国到现在为止所使用过的所有货币，值得一游。

货币金融博物馆(http://museum.bok.or.kr)

第十五课

<1> 电话号码

学习目标: 能理解与电话号码相关的内容。

词汇

국가번호 国家代码
전화번호 电话号码
지역번호 区号
전화(를) 하다 打电话
여보세요 喂
알다 知道，认识
잠깐만요 稍等
보여 주다 给…看
이제 现在

• 读一读

奥莉维亚在大使馆工作。
明天事情很多，所以去不了学校。
奥莉维亚想给老师打电话，但是不知道老师的电话号码。
所以给埃里克打了电话。

奥莉维亚：喂，是埃里克吗？我是奥莉维亚。
埃里克：你好，奥莉维亚，什么事？
奥莉维亚：埃里克，你知道金老师的电话号码吗？请告诉我一下金老师的电话号码。
埃里克：嗯，稍等一下。010-2123-6587。
奥莉维亚：谢谢，埃里克。

• 听一听

1.

(1) 사진을 찍어 주십시오.
请帮我拍下照。

(2) 저에게 전화해 주십시오.
请给我打电话。

(3) 단어를 좀 써 주세요.
请把单词写一下。

(4) 볼펜을 좀 빌려 주세요.
请借我一下圆珠笔。

2.

(1) 가: 오늘 덥지요?
甲: 今天热吧?

나: 네, 더워요.
乙: 嗯，热。

(2) 가: 맵지요?
甲: 辣吧?

나: 네, 조금 매워요.
乙: 嗯，有点辣。

(3) 가: 재미있지요?
甲: 有趣吧?

나: 네, 재미있어요.
乙: 嗯，有趣。

(4) 가: 책이 많지요?
甲: 书多吧?
나: 네, 정말 많아요.
乙: 嗯, 真的很多。

3~4.

주앙: 하늘 씨, 전화번호가 몇 번이에요?
胡安: 天空, 你的电话号码是多少?

하늘: 제 전화번호는 010-2123-1004예요. 주앙 씨도 휴대전화가 있지요? 전화번호가 몇 번이에요?
天空: 我的电话号码是010-2123-1004。胡安你也有手机吧? 电话号码是多少?

주앙: 저는 지금 전화가 없어요. 오늘 수업이 끝난 후에 사러 갈 거예요.
胡安: 我现在还没有手机。今天下课后去买。

하늘: 그럼 내일 가르쳐 주세요.
天空: 那明天告诉我。

5~6.

가: 존 씨, 이것이 제가 어제 산 휴대전화예요.
甲: 约翰, 这是我昨天买的手机。

나(존): 아, 그래요? 좀 보여 주세요. 전화번호가 몇 번이에요?
乙(约翰): 啊, 是吗? 让我看看。电话号码是多少?

가: 제 번호는 010-6029-0717이에요. 제 전화가 예쁘지요?
甲: 我的电话号码是010-6029-0717。我的手机好看吧?

나(존): 네, 아주 예뻐요. 휴대전화가 있으니까 무엇을 하고 싶어요?
乙(约翰): 是的, 真好看。(现在)有手机了, (你)想做什么?

가: 사진을 많이 찍고 싶어요. 존 씨도 휴대전화가 있지요? 존 씨는 무엇을 많이 해요?
甲: 我想多拍些照片。约翰(你)也有手机吧? 你一般做什么?

나(존): 저는 게임을 자주 해요.
乙(约翰): 我经常玩游戏。

<2> 电话

学习目标: 能理解与电话相关的内容。

词汇

전화가 오다 来电话	회의 중 会议中
전화를 받다 接电话	전화를 걸다 打电话
바꾸다 换	연락을 받다 接到联系

• **读一读**

下午简来了电话。
埃里克在开会，所以没接到电话。
会议结束后他给简打了电话。
简接了电话。

埃里克: 简，有什么事吗?
简: 是的，我周末有事，能换一下约会时间吗?
埃里克: 是吗? 那什么时候可以?
简: 下星期五下午7点怎么样?
埃里克: 嗯，好的。
简: 谢谢你让我换约会时间。
埃里克: 那我们下星期五下午7点见。

• **听一听**

1.

(1) 중국말을 할 수 있어요.
会说中国话。

(2) 한국 음식을 만들 수 있어요.
会做韩国菜。

(3) 수영할 수 없어요.
不会游泳。

(4) 학교에 갈 수 없어요.
去不了学校。

2.

(1) 아버지한테서 전화가 왔어요.
爸爸来电话了。

(2) 여동생에게서 문자메시지를 받았어요.
收到了妹妹发的短信。

(3) 여자 친구에게서 이메일이 왔어요
女朋友来电子邮件了。

(4) 여자친구한테서 선물을 받았어요.
从女朋友那儿收到了礼物。

3~4.

윤아: 여보세요? 주앙 씨, 저 윤아예요. 선생님에게서 연락을 받았어요?
允儿: 喂? 胡安, 我是允儿。(你)接到老师的通知了吗?

주앙: 아니요, 연락을 받지 못했어요. 무슨 일이에요?
胡安: 不, 没有接到。什么事?

윤아: 선생님이 내일 일이 있어서 등산을 갈 수 없어요.
允儿: 老师明天有事, 登山去不了了。

주앙: 그래요? 그럼 다음에 같이 가요.
胡安: 是吗? 那下次再一起去吧。

5~6.

가: 윤아씨, 지금 전화받을 수 있어요?
甲: 允儿, (你)现在能接电话吗?

나(윤아): 네, 괜찮아요.
乙(允儿): 嗯, 可以。

가: 하늘 씨한테서 전화 받았어요?
甲: 接到天空的电话了吗?

나(윤아): 아니요, 받지 못했어요.
乙(允儿): 不, 没有接到。

가: 내일 오후 6시에 우리 반 친구들이 신촌 백화점 앞에서 만나요. 같이 저녁을 먹을 거예요.
甲: 明天下午六点我们班的朋友们一起在新村百货商店前见面, 准备一起吃晚饭。

나(윤아): 네, 그럼 내일 만나요.
乙(允儿): 好的, 那明天见。

第十六课

<1> 交通

学习目标: 能理解交通方式和所需时间的相关内容。

词汇

교통 交通	공항 机场
지하철 地铁	자전거 自行车
비행기 飞机	택시 出租车
인터넷 网络	젓가락 筷子
편지 信	종이 纸
고속버스 高速巴士	기차 火车
전주 全州	강릉 江陵
대전 大田	KTX 韩国高铁
장소 场所	공항버스 机场巴士
늦다 迟, 晚	시험공부 考试复习
편하다 舒服, 方便	운전기사 司机

• **听一听**

1.

(1) 제가 인터넷으로 호텔을 예약했어요.
我在网上订了酒店。

(2) 저는 젓가락으로 라면을 먹을 수 있어요.
我能用筷子吃泡面。

(3) 저는 한국말로 편지를 쓸 수 있어요.
我能用韩语写信。

(4) 친구가 종이로 꽃을 만들었어요.
朋友用纸折了花。

2.

(1) 가: 서울에서 전주까지 무엇을 타고 갔어요?
甲: 从首尔到全州坐什么去的?

나: 기차로 갔어요.
乙: 坐火车去的。

(2) 가: 강릉에서 서울까지 얼마나 걸려요?
甲: 从江陵到首尔要多久?

나: 고속버스로 3시간 40분 걸려요.
乙: 坐高速大巴要3小时40分钟。

(3) 가: 대전에서 부산까지 얼마나 걸려요?
甲: 从大田到釜山要多久?

나: 기차로 1시간 40분 걸려요.
乙: 坐火车要1小时40分钟。

(4) 가: 부산에서 서울까지 얼마나 걸려요?
甲: 从釜山到首尔要多久?

나: KTX로 2시간 반 걸려요.
乙: 坐KTX要2个半小时。

3~4.

에릭: 늦었는데 택시를 타고 갈까요?
埃里克: 要迟到了, 我们坐出租车去吧?

우진: 아니요, 이 시간에는 교통이 복잡해요.
宇振: 不, 这个时间交通很复杂。

에릭: 그럼 뭘 타고 갈까요?
埃里克: 那坐什么去呢?

우진: 지하철로 갑시다. 약속 장소까지 20분쯤 걸려요.
宇振: 坐地铁去吧。到约定的场所要20分左右。

5~6.

유키: 흐엉 씨, 방학에 뭘 할 거예요?
由希: 香, (你)放假做什么?

흐엉: 부모님과 같이 부산에 갈 거예요.
香: 和父母去釜山。

유키: 기차로 갈 거예요? 비행기로 갈 거예요?
由希: 坐火车去? 坐飞机去?

흐엉: 비행기를 타고 갈 거예요.
香: 坐飞机去。

유키: 얼마나 걸려요?
由希: 需要多久?

흐엉: 서울에서 부산까지 비행기로 50분쯤 걸려요.
香: 从首尔到釜山坐飞机要50分钟左右。

• **读一读**

我在江南打工。
每天下课后去打工。
一般坐公共汽车或地铁去。
今天和朋友们一起吃了午饭，做了考试前的复习。
时间有点晚了，所以坐了出租车去。
从学校到江南坐出租车花了40分钟左右。
出租车虽然比公共汽车贵，但是很快很方便。
我和出租车司机大叔用韩语聊天了。
虽然有点难，但是很有意思。
能用韩语对话心情真好。

<2> 机场巴士

学习目标: 能理解利用交通方式的状况。

词汇

정류장 停车站	기차역 火车站
공항철도 机场铁路	광주 光州
안동 安东	
고속버스터미널 高速巴士客运站	
경주 庆州	맞다 对, 正确

• **读一读**

9月20日 星期一
我今天下课后，去机场见朋友了。
我坐了机场铁路去机场。
在弘大入口上了机场铁路。
机场铁路既快又干净，很不错。
我在机场见到了朋友。
朋友到达得有点晚。
朋友的包很大又很重。
从机场到地铁站要走很多路，所以我们坐了机场巴士。
巴士每15分钟有一班。
巴士虽然比机场铁路贵一点，但是很舒适。

• **听一听**

1.

(1) 대구에 가는 버스는 30분마다 있습니다.
去大邱的巴士每30分钟有一班。

(2) 춘천에 가는 버스는 한 시간마다 있습니다.
去春川的巴士每一小时有一班。

(3) 대전에 가는 버스는 20분마다 있습니다.
去大田的巴士每20分钟有一班。

(4) 광주에 가는 버스는 10분마다 있습니다.
去光州的巴士每10分钟有一班。

2.

(1) 빨래를 해야 해요.
要洗衣服。

(2) 옷을 사야 해요.
要买衣服。

(3) 지하철을 타야 해요.
要坐地铁。

(4) 선물을 사야 해요.
要买礼物。

3~4

윤아: 다음 주에 같이 버스를 타고 안동에 갈까요?
允儿: 下周一起坐巴士去安东吧?

노라: 네, 좋아요. 버스는 어디에서 타요?
诺拉: 嗯, 好的。在哪儿坐巴士呢?

윤아: 고속버스터미널에서 타야 해요.
允儿: 要在高速巴士客运站坐。

노라: 안동에 가는 버스는 몇 분마다 있어요?
诺拉: 去安东的巴士几分钟有一班?

윤아: 40분마다 있어요.
允儿: 每40分钟有一班。

5~6

레오: 하늘 씨, 고향이 경주지요?
利欧: 天空, (你的)家乡是庆州吧?

하늘: 네, 맞아요. 왜요?
天空: 嗯, 对。怎么了?

레오: 저도 다음 주에 경주에 가요. 하늘 씨는 경주까지 어떻게 가요?
利欧: 我下周也去庆州。天空(你)去庆州的时候怎么去?

하늘: 저는 기차가 편하니까 기차로 가요.
天空: 我坐火车方便, 所以坐火车去。

레오: 기차는 어디에서 타요?
利欧: 火车在哪儿坐?

하늘: 서울역에서 타야 해요. 서울역에서 경주역까지 가는 기차는 1시간마다 있어요.
天空: 要在首尔站坐。从首尔站到庆州站的火车每1小时有一班。

第十五课 - 第十六课　复习

第十五课 – 第十六课　词汇

상수동 上水洞	좀[2] 有点, 一点
문자 메시지 短信	보내다 发
마포 麻浦	

I.

에릭: (전화벨 소리)여보세요? 유키 씨예요?
埃里克: (电话铃声)喂, 是由希吗?

유키: 안녕하세요? 에릭 씨. 제가 내일 동생과 상수동에 가요. 맛있는 식당을 좀 가르쳐 주세요.
由希: 你好, 埃里克。我明天和弟弟(妹妹)去上水洞。请推荐一下好吃的餐厅。

에릭: 상수동에 있는 존스피자가 맛있어요.
그런데 손님이 많아서 예약을 해야 해요.
埃里克: 上水洞的约翰披萨很好吃。但是客人有点多, 需要预约。

유키: 그래요? 피자 가게 전화번호도 좀 가르쳐 주세요.
由希: 是吗? 请告诉我一下披萨店的电话号码。

에릭: 네, 잠깐만요. 337-9124예요.
埃里克: 嗯, 稍等。是337-9124。

유키: 고마워요. 신촌에서 버스로 갈 수 있어요?
由希: 谢谢, 从新村能坐公交汽车去吗?

에릭: 네, 신촌역에서 존스피자까지 버스로 10분쯤 걸려요.
버스는 5분마다 와요.
埃里克: 是的, 从新村站到约翰披萨坐公共汽车大概要10分钟左右。公交汽车每5分钟有一班。

유키: 정말 고마워요, 에릭 씨. 월요일에 만나요.
由希: 真的很谢谢你, 埃里克, 星期一见。

II.

由希今天想和弟弟(妹妹)去上水洞的披萨饼店。
他们在新村站附近上了公共汽车。
不知道在哪儿下所以给埃里克发了短信。
"埃里克, 麻浦07路去上水洞吧? 在哪儿下呢?"
埃里克回了短信。
"在上水站下。"
从新村站到上水洞停车站坐公共汽车花了10分钟左右。
停车站附近有埃里克说的披萨饼店。

韩国的文化 : 首尔的公共交通

在韩国，地铁和公共汽车是最主要的交通工具。其中公共汽车分为市内的公交汽车和去近郊的公交汽车，另外还有各种通往城市各地的地铁。每种的收费都有所不同，韩国的公共交通费用相对来说比较便宜，在搭乘交通工具的时候使用交通卡比较便捷，并且在换乘的时候可以享受打折优惠。

第十七课

<1> 梨泰院

学习目标: 能理解与位置和方向相关的内容。

词汇

왼쪽 左边
이쪽 这边
정문 正门
어느 쪽 哪边
가로수길 林荫道
걸어서 走, 走着
외국인 外国人
용산 가족공원 龙山家族公园
미터 米
국립중앙박물관 国立中央博物馆
역사 历史
오른쪽 右边
똑바로 直
사거리 十字路口
실례지만 麻烦一下, 劳驾
신사역 新沙站
외국 外国

• 听一听

1.

(1) 사거리에서 오른쪽으로 가세요.
在十字路口往右拐。

(2) 사거리에서 왼쪽으로 가세요.
在十字路口往左拐。

(3) 사거리에서 똑바로 가세요.
从十字路口一直直走。

(4) 사거리에서 종로 쪽으로 가세요.
在十字路口往钟路的方向拐。

2.

(1) 어디에 가면 비행기를 탈 수 있어요?
去哪儿能坐飞机?

(2) 무엇을 타면 집에 갈 수 있어요?
坐什么能回家?

(3) 무엇을 보면 기분이 좋아요?
看什么的话心情好?

(4) 어디에서 사면 싸고 예쁜 신발을 살 수 있어요?
去哪儿能买到又便宜又好看的鞋子?

3~4.

가: 실례지만 길 좀 가르쳐 주세요.
甲: 打扰一下, 能给我指一下路吗?

나: 어디를 찾으세요?
乙: 您去哪儿?

가: 이 근처에 우체국이 있어요?
甲: 这附近有邮局吗?

나: 네, 저 사거리에서 왼쪽으로 가세요.
5분쯤 가면 은행 옆에 우체국이 있어요.
乙: 嗯, 在那个十字路口往左拐。再走5分钟, 邮局在银行旁边。

5~6.

가: 윤아 씨, 제가 내일 약속이 있어서 가로수 길에 가야 해요.
학교에서 가로수 길까지 어떻게 가요?
甲: 允儿, 我明天有约会要去林荫道。从学校怎么去林荫道?

나(윤아): 지하철 3호선을 타고 신사역에서 내리세요.
乙(允儿): 坐地铁3号线在新沙站下。

가: 그럼 신사역에서 내린 후 어느 쪽으로 가요?
甲: 那新沙站下了后往哪边走?

나(윤아): 신사역에서 똑바로 가면 큰 빵집이 있어요.
그 빵집에서 오른쪽으로 가면 가로수 길이 있어요.
乙(允儿): 从新沙站一直直走会有一个很大的面包店。在面包店那儿往右拐就是林荫道。

가: 신사역에서 가로수 길까지 얼마나 걸려요?
甲: 从新沙站到林荫道要多久?

나(윤아): 걸어서 10분쯤 걸려요.
乙(允儿): 走着去10分钟左右。

• 读一读

我住在梨泰院。
梨泰院住着很多外国人。
所以不仅外国餐厅很多，外国人学校也很多。
从梨泰院往汉江的方向走10分钟左右的话，有龙山家族公园。
公园很大很美丽。
还能看到拍结婚照的人。
从公园往右走50米左右有国立中央博物馆。
我很喜欢历史，所以经常去那儿。
我真的很喜欢离公园和国立中央博物馆又近，好吃的餐厅又很多的梨泰院。

<2> 带路

学习目标: 能理解带路的内容。

词汇

길 路
육교 天桥
지하도 地下通道
나오다 出来
서대문우체국 西大门邮局
건너편 对面
청계천 清溪川
안내 向导, 介绍
횡단보도 人行横道
출구 出口
마을버스 居民区小巴士
건너다 过
안경점 眼镜店

• 读一读

今天我们班的朋友来我家。
所以我给朋友发了短信，告诉他来我们家的路。

请在地铁2号线新村站下车。
从4号出口出来后，坐居民区小巴士3路到西大门邮局停车站下。
过了停车站前的人行横道后往右拐，
有一个自行车店。
从那儿一直直走有一个餐厅。
从餐厅往左拐有一个便利店。
便利店对面的2楼就是我家。
如果找不到路请给我打电话。

• 听一听

1.

(1) 1번 출구로 나가서 똑바로 가면 편의점이 있습니다.
그 옆에 빵집이 있습니다.
从1号出口出去后一直直走会有一个便利店。 那旁边就是面包店。

(2) 편의점 앞에 육교가 있습니다. 육교를 건너서 오른쪽으로 가십시오. 카페가 있습니다.
便利店前面有天桥，过了天桥往右走。就有咖啡店。

(3) 병원 앞에 횡단보도가 있습니다. 횡단보도를 건너서 오른쪽으로 가십시오. 극장이 있습니다.
医院前面有人行横道，过人行横道之后往右走，就有剧院。

(4) 약국 앞에 횡단보도가 있습니다. 횡단보도를 건너서 왼쪽으로 가십시오. 우체국이 있습니다.
药店前面有人行横道，过人行横道之后往左走，就有邮局。

2.

(1) 가: 볼펜 좀 주세요.
甲: 请给我圆珠笔。
나: 볼펜요?
乙: 圆珠笔吗?

(2) 가: 여덟 시까지 오세요.
甲: 8点为止到。
나: 여덟 시요?
乙: 8点吗?

(3) 가: 제임스 씨가 어디에 있어요?
甲: 杰姆斯在哪儿?
나: 제임스 씨요?
乙: 杰姆斯吗?

(4) 가: 상수동에서 만날까요?
甲: 在上水洞见吗?
나: 상수동요?
乙: 上水动吗?

3~4.

가: 여보세요 에릭 씨, 지금 어디예요?
甲: 喂，埃里克，(你)现在在哪儿?

나(에릭): 지금 안경점 앞이에요. 그런데 카페가 어디에 있어요?
乙(埃里克): 我现在在眼镜店前面。可是咖啡店在哪儿?

가: 안경점 앞에 있는 횡단보도를 건너서 왼쪽으로 오세요.
甲: 过眼镜店前面的人行横道，然后往左拐。

나(에릭): 아, 그래요? 조금만 기다려 주세요.
乙(埃里克): 啊，是吗? 稍等一下。

5~6.

가: 여보세요? 시티 호텔이지요?
甲: 喂? 是城市酒店吧?

나: 네, 그렇습니다.
乙: 嗯，是的。

가: 여기는 경복궁역입니다. 여기에서 어떻게 가요?
甲: 这里是景福宫站，从这儿怎么去那儿?

나: 4번 출구로 나와서 횡단보도를 건너세요.
乙: 从4号口出来后过人行横道。

가: 횡단보도요?
甲: 人行横道?

나: 네, 횡단보도를 건너서 청계천쪽으로 50m쯤 오시면 호텔이 있습니다.
乙: 是的，过了人行横道之后往清溪川的方向走50米就是酒店。

第十八课

<1> 天气

学习目标: 能理解与天气相关的内容。

词汇

흐리다 阴沉	맑다 晴朗
바람이 불다 刮风	닫다 关
눈 雪	눈싸움을 하다 打雪仗
눈사람 雪人	나무 树
꽃이 피다 开花	모스크바 莫斯科
선선하다 凉快	

• 读一读

昨天天气很阴沉。
还刮风，非常冷。
下午天气很冷，雪下得很大。
我们家乡不下雪。
树和房子都变成了白色。
风景非常美丽。
孩子们在打雪仗，还做了雪人。
我拍了照想发给家乡的朋友们看。
家乡的朋友们看到这个照片，一定会很喜欢。
天气虽然很冷，但是心情非常好。

• 听一听

1.

(1) 요코 씨는 오래 기다릴 것 같아요.
阳子好像会等很久。

(2) 샤오밍 씨는 혼자 다 먹지 못할 것 같아요.
小明好像一个人吃不完。

(3) 리에 씨가 산 것은 매울 것 같아요.
梨衣买的好像会很辣。

(4) 빌리 씨가 마시는 커피는 시원할 것 같아요.
比利喝的咖啡好像很凉快。

2.

(1) 가: 바람이 많이 부는군요.
甲: 风刮得真大。
나: 제주도에는 바람이 많이 불어요.
乙: 济州岛风很大。

(2) 가: 꽃이 예쁘군요.
甲: 花真漂亮。
나: 요즘 날씨가 따뜻해서 꽃이 많이 폈어요.
乙: 最近天气很温暖，所以开了很多花。

(3) 가: 눈이 많이 오는군요.
甲: 雪下得真大。
나: 교통이 복잡할 것 같아요.
乙: 交通好像会很复杂。

(4) 가: 날씨가 흐리군요.
甲: 天气真阴沉。
나: 비가 올 것 같아요.
乙: 好像要下雨了。

3~4.

가: 여기가 어디예요? 경치가 아름답군요.
甲: 这里是哪里? 风景真美。

나: 러시아 모스크바 사진이에요. 이번 방학에 가족과 같이 갈 거예요.
乙: 这是俄罗斯莫斯科的照片。这次放假的时候准备和我家人一起去。

가: 날씨가 추울 것 같아요.
甲: 感觉天气会很冷。

나: 네, 러시아는 눈이 많이 오고 추워요. 그래서 두꺼운 옷과 모자를 준비할 거예요.
乙: 是的, 俄罗斯经常下雪而且很冷。所以要准备很厚的衣服和帽子。

5~6.

가: 요즘 아침과 저녁에는 선선하지요?
甲: 最近早上和晚上很凉快吧?

나: 네, 덥지 않아서 좋아요.
乙: 是的, 不热所以很好。

가: 지난달은 정말 더웠어요. 날씨가 더워서 요리하는 게 힘들었어요.
甲: 上个月真的很热。天气太热, 做菜都很辛苦。

나: 오늘도 오후에는 조금 더울 것 같아요.
乙: 今天下午感觉也会有点热。

가: 네, 그렇지만 다음 주부터는 오후에도 선선할 것 같아요.
甲: 是的, 但是下周开始下午也会很凉快。

나: 그래요? 그럼 저녁에 시간이 있으면 같이 운동합시다.
乙: 是吗? 那晚上有时间的话一起运动吧。

<2> 四季

学习目标: 能理解与季节活动相关的内容。

词汇

봄 春天	가을 秋天
해수욕장에 가다 去海水浴场	단풍 红叶
소풍을 가다 去郊游	사계절 四季
단풍이 들다 枫叶红了	춤을 추다 跳舞
글쎄요 嗯 (表示不确定的语气)	

• 读一读

韩国有春夏秋冬四个季节。
我喜欢春天和秋天。
韩国的春天是3月到5月。
春天会开很多漂亮的花。
所以人们都会去山里或公园郊游。
9月到11月是秋天。
秋天天气很好, 很多人去登山。
山里的枫叶红了, 很美丽。
人们边登山边赏红叶。
韩国的春天和秋天好像最美丽。

• 听一听

1.

(1) 크리스 씨는 음악을 들으면서 책을 읽어요.
克里斯边听音乐边看书。

(2) 루크 씨는 휴대 전화를 보면서 걸어요.
卢克边走边看手机。

(3) 밍밍 씨는 노래를 부르면서 춤을 춰요.
明明边唱歌边跳舞。

(4) 리에 씨는 커피를 마시면서 이야기를 해요.
梨衣边喝咖啡边聊天。

2.

(1) 가: 우진 씨가 어때요?
甲: 宇振怎么样?
나: 친절한 것 같아요.
乙: 感觉挺亲切的。

(2) 가: 우진 씨는 뭐 해요?
甲: 宇振在干什么?
나: 자는 것 같아요.
乙: 好像在睡觉。

(3) 가: 우진 씨는 결혼했어요?
甲: 宇振结婚了啊?
나: 글쎄요, 결혼한 것 같아요.
乙: 也许吧, 好像是结婚了。

(4) 가: 날씨가 어때요?
甲: 天气怎么样?
나: 밖에 바람이 많이 부는 것 같아요.
乙: 外面好像风刮得很大。

3~4.

(下雨的声音)

노라: 밖에 비가 많이 오는군요.
诺拉: 外面雨下得很大。

유키: 한국도 여름에 비가 많이 오는 것 같아요. 일본도 여름에 비가 많이 와요.
由希: 韩国的夏天好像也经常下雨。日本的夏天也经常下雨。

노라: 유키 씨는 비가 많이 오는 날은 집에서 보통 뭘 해요?
诺拉: 由希, 你下雨得很大的时候一般在家做什么?

유키: 저는 보통 맛있는 음식을 먹으면서 영화를 봐요.
由希: 我一般一边吃好吃的一边看电影。

5~6.

에릭: 어! 밖에 눈이 와요.
埃里克: 外面下雪了。

흐엉: 우와, 정말 예뻐요. 한국의 겨울은 눈이 오니까 정말 아름다운 것 같아요.
香: 哇, 真漂亮。韩国的冬天下雪真的很美丽。

에릭: 흐엉 씨 고향은 따뜻해서 눈이 안 오지요? 우리 같이 눈사람을 만들까요?
埃里克: 香(你)的家乡那么温暖, 不下雪吧? 我们一起堆雪人吧?

흐엉: 눈사람요? 좋아요.
香: 堆雪人? 好啊。

에릭: 수업이 끝나고 눈사람도 만들고 눈싸움도 하면서 놀아요.
埃里克: 下课后去一起堆雪人打雪仗吧。

흐엉: 네, 재미있을 것 같아요.
香: 嗯, 感觉会很有趣。

第十七课 - 第十八课　复习

第十七课 – 第十八课　词汇

시드니 悉尼　　남쪽 南边
나중에 以后

I.

发件人	on.coralreef@ausmail.com(Olivia Smith)
收件人	yunafirst@yonsei.ac.kr(Yuna Lee)
题目	最近还好吗?

允儿:
你好, 允儿, 最近还好吗?
韩国现在是冬天, 所以天气有点冷吧?
看着韩国被雪覆盖的山, 我好想滑雪。
我现在在家乡澳大利亚悉尼。
澳大利亚现在是夏天, 所以天气很热。
所以我经常去大海。
从我们家往南边走10分钟有大海。
我和家人在大海里游泳和冲浪。
允儿你也喜欢运动, 来这里的话你也应该会喜欢。
以后你一定要来玩一次。
下个月韩国见。

奥莉维亚

II.

윤아: 아, 반가워요, 올리비아 씨. 고향에서 재미있었어요?
允儿: 见到你真高兴, 奥莉维亚(你)在家乡玩得有意思吗?

올리비아: 네, 호주는 날씨가 더우니까 수영도 하고 서핑도 할 수 있어서 좋았어요. 윤아 씨는 지난달에 서울에서 무엇을 했어요?
奥莉维亚: 嗯, 澳大利亚天气很热, 又可以游泳又可以玩冲浪, 所以很开心。允儿(你)上个月在首尔做什么了?

윤아: 저는 영어를 공부하고 아르바이트도 해서 바빴어요. 그렇지만 주말에는 스키장에 가서 스키를 탔어요.
允儿: 我又学了英语又打了工, 过得很忙碌。但是周末去滑雪场滑雪了。

올리비아: 스키장요? 와, 나도 가고 싶어요.
奥莉维亚: 滑雪场? 哇, 我也想去。

윤아: 그래요? 그럼 다음 주말에 서울 근처에 있는 스키장에 같이 갈까요?
允儿: 是吗? 那下周末我们一起去首尔附近的滑雪场吧?

올리비아: 좋아요. 재미있을 것 같군요.
奥莉维亚: 好啊, 感觉会很有趣。

韩国的文化：赏花和赏红叶

韩国的春天很温暖，适宜的温度让百花齐放，所以一到春天全国各地都是赏花的人。在首尔以四月汝矣岛的樱花最出名，前往观赏的人也最多。等到了秋天，又黄又红的枫叶便是另外一道风景，以雪岳山和俗离山的红叶最为有名，去那儿赏红叶的游客特别多。

第十九课

<1> 旅行计划

学习目标: 能理解与旅行计划相关的内容。

词汇

민박집 民宿　　콘도 公寓式酒店
게스트하우스 青年旅社　　전 前
강원도 江原道　　설악산 雪岳山
잠 睡(觉)　　펜션 山庄别墅
또 而且, 并且　　평창 平昌

• **读一读**

我两个月前来的首尔。
边工作边学习韩语，所以很忙。
所以还没能经常去旅行。
放假的话，我打算去旅行。
我打算先去江原道的江陵。
江陵离雪岳山很近，离大海也很近。
我打算坐火车去江陵，然后住在山庄别墅。
我在旅行社预约的山庄别墅比酒店便宜而且很干净。
有游泳池，还可以借自行车。
另外山庄别墅附近有公共汽车停车站，交通也很方便。
我好想快点去江陵旅行。

• **听一听**

1.
(1) 방학에 여행을 가려고 해요.
放假打算去旅行。
(2) 오후에 생일 선물을 사려고 해요.
下午打算去买生日礼物。
(3) 저녁에는 고향 음식을 만들려고 해요.
晚上打算做家乡菜。
(4) 머리가 길어서 자르려고 해요.
头发太长了, 打算剪头发。

2.
(1) 가 : 흠, 이 호텔은 좀 비싸군요.
甲: 这个酒店有点贵。
나 : 그럼 민박집에 가는 게 어때요?
乙: 那去民宿怎么样?
(2) 가 : 이 음식은 조금 매울 것 같아요.
甲: 这个菜感觉会有点辣。
나 : 그럼 다른 음식을 먹는 게 어때요?
乙: 那吃别的菜怎么样?
(3) 가 : 어제 잠을 자지 못해서 피곤해요.
甲: 昨天没睡觉所以很累。
나 : 피곤하면 차를 한 잔 마시는 게 어때요?
乙: 累的话喝杯茶怎么样?
(4) 가 : 오늘 회사일이 늦게 끝날 것 같아요.
甲: 今天公司的工作感觉会晚点结束。
나 : 바쁘면 다음 주에 만나는 게 어때요?
乙: 如果忙的话, 下周见如何?

3~4.
흐엉: 윤아 씨, 저는 다음 주말에 평창에 가려고 해요.
香: 允儿, 我下周末打算去平昌。
윤아: 그래요? 흐엉 씨는 평창에 가면 어디에서 잘 거예요?
允儿: 是吗? 香(你)去平昌的话住哪儿?
흐엉: 글쎄요, 어디가 좋아요?
香: 是啊, 哪里好呢?
윤아: 콘도에서 자는 게 어때요? 콘도는 요리를 할 수 있어서 편해요.
允儿: 住公寓式酒店怎么样? 公寓式酒店能做饭, 所以很方便。

5~6.
저는 방학에 경주에 여행을 가려고 해요.
我放假打算去庆州旅行。
경주는 구경할 것도 많고 경치도 아름다워서 꼭 가고 싶었어요.
庆州可以观光的地方也很多, 风景也很漂亮, 一直很想去。
저는 경주에 가면 게스트하우스에 있을 거예요.
我去庆州的话, 会住在青年旅社。
제가 예약한 게스트하우스는 값이 싸요.
我预约的青年旅社很便宜。
그리고 외국 사람들에게 한국 요리도 가르쳐 줘요.
而且还教外国人做韩国菜。
여러분도 저와 같이 경주에 여행을 가는 게 어때요?
大家也跟我一起去庆州旅游如何?

<2> 旅行的准备

学习目标: 能理解与旅行准备相关的内容。

词汇

여권 护照	약 药
충전기 充电器	가방을 싸다 整理包, 收拾包
학기 学期	싱가포르 新加坡
슬리퍼 拖鞋	선글라스 墨镜
비행기 표 飞机票	돈을 바꾸다 换钱
다 全, 都	

- **读一读**

今天这个学期结束了。
所以我明天打算去新加坡。
那里是我们班同学蕾切尔的故乡。
我现在在整理旅行包。
新加坡因为天气热，所以准备了薄衣服和帽子。
还买了拖鞋和黑镜。
飞机票是在网上购买的。
买了便宜的票，所以心情很好。
明天早上要早点去机场。
在机场换完钱后，我还打算买送给蕾切尔父母的礼物。

- **听一听**

1.
(1) 횡단보도를 건너고 있습니다.
正在通过人行横道。
(2) 친구와 통화하고 있습니다.
在和朋友打电话。
(3) 여행 가방을 싸고 있습니다.
在整理旅行包。
(4) 비행기 표를 예약하고 있습니다.
在预约飞机票。

2.
(1) 가: 유키 씨도 콘서트 보러 가세요?
甲: 由希也去看演唱会吗?
나(유키): 아니요, 가고 싶지만 일이 있어요.
乙(由希): 不, 想去但是有事情。
(2) 가: 미선 씨는 학교까지 버스로 와요?
甲: 美善(你)坐巴士来学校吗?
나(미선): 아니요, 우리 집은 학교에서 아주 가까워요.
乙(美善): 不, 我家离学校非常近。
(3) 가: 이것 좀 드세요.
甲: 吃点这个吧。
나: 저도 먹고 싶지만 지금 배가 아파요.
乙: 我也想吃, 但是现在肚子疼。
(4) 가: 어제 백화점에서 옷을 샀어요?
甲: 昨天去百货商店买衣服了吗?
나: 아니요, 사고 싶었지만 너무 비쌌어요.
乙: 不, 想买来着, 但是太贵了。

3~4.
가: 제인 씨, 호텔 예약했어요?
甲: 简, (你)订酒店了吗?
나: 아니요, 호텔 예약을 아직 못 했어요.
乙: 不, 酒店还没有订。
가: 왜요? 무슨 문제가 있어요?
甲: 为什么?有什么问题吗?
나: 제가 한국말을 잘 못해서 예약을 못 하고 있어요. 도와주세요.
乙: 我韩语不是很好, 所以还没预约, 帮帮我吧。

5~6.
가: 제시카 씨, 여행 준비 다 했어요?
甲: 杰西卡, 做好旅行的准备了吗?
나: 아니요, 가방을 다 못 쌌어요. 지금 싸고 있어요.
乙: 不, 包还没整理好, 现在在整理。
가: 아!, 한국은 요즘 비가 자주 오니까 우산도 같이 싸세요.
甲: 啊! 韩国最近经常下雨, 所以雨伞也一定要带上。
나: 휴대전화 충전기는 호텔에서 빌릴 수 있어요?
乙: 酒店里可以借到手机充电器吗?
가: 네, 호텔에서 충전기를 빌릴 수 있어요.
甲: 嗯, 酒店里可以借到手机充电器。
나: 그렇군요. 그럼 충전기는 안 쌀 거예요. 고마워요.
乙: 原来如此。那充电器就不带了。谢谢。

第二十课

<1> (学校)假期

学习目标: 能理解与(学校)假期相关的内容。

词汇

크리스마스 圣诞节	지내다 过
죄송하다 对不起	학기 중 学期中
방학을 하다 放假	안내하다 导游, 带路
연락 联系	연락드리다 联系
올림 敬上	국수 面条
채소 蔬菜	메모하다 记录
말하기 口语	연습 联系
2급 2级	

• **读一读**

想念的老师：
老师，你过得好吗？
对不起，没能经常联系您。
学期中在打工，所以有点忙。
上周学期结束后，放假了。
这次放假我在网上学习韩语。
老师，最近放假的时候，您还来日本旅游吗？
如果老师您来日本的话，我来带您去风景美丽的地方。还带您去吃好吃的日本菜。
来旅游之前一定要联系我。
我下次再联系您。
再见。
由希

• **听一听**

1.

(1) 요리하기 전에 빨래를 했어요.
做饭之前洗衣服了。

(2) 운동하기 전에 숙제를 해요.
做运动前做作业。

(3) 회사에 가기 전에 학교에서 공부할 거예요.
去公司之前在学校学习。

(4) 쇼핑하기 전에 밥부터 먹읍시다.
去购物之前先去吃饭吧。

2.

(1) 가: 내일은 일찍 와 주세요.
甲: 明天早点来。
나: 네, 일찍 오겠습니다.
乙: 好的, (我)早点来。

(2) 가: 뭘 드시겠습니까?
甲: (您)要吃什么?
나: 저는 비빔밥을 먹겠습니다.
乙: 我吃拌饭。

(3) 가: 어디에서 만날까요?
甲: 在哪儿见呢?
나: 제가 연세대학교로 가겠습니다.
乙: 我去延世大学(找你)吧。

(4) 가: 언제 연락하실 거예요?
甲: 准备什么时候联系?
나: 제가 내일 전화하겠습니다.
乙: 我明天打电话。

3~4.

유키: 흐엉 씨, 베트남 음식을 먹으러 갈까요?
由希: 香, 去吃越南菜怎么样??
흐엉: 음... 같이 베트남 음식을 만들어서 먹는 건 어때요?
香: 嗯, 一起做越南菜吃如何?
유키: 좋아요. 그럼 국수와 채소를 사러 시장에 갈까요?
由希: 好啊, 那去市场买面条和蔬菜吧?
흐엉: 네. 시장에 가기 전에 살 것을 종이에 씁시다.
香: 好的, 去市场之前先把要买的东西写在纸上吧。

5~6.

선생님: 시험이 끝나서 기분이 좋지요?
老师: 考试结束了心情很好吧?
주앙: 네, 좋아요.
胡安: 嗯, 很好。
선생님: 오늘 뭘 할 거예요?
老师: 今天准备做什么?
주앙: 고향에 돌아가기 전에 가족들에게 줄 선물을 사러 갈 거예요.
胡安: 回家乡前准备去给家人们买礼物。
선생님: 언제 한국에 올 거예요?
老师: 什么时候回韩国?
주앙: 수업을 시작하기 전에 올 거예요.
胡安: 开课之前会来。
선생님: 주앙 씨, 방학에 말하기 연습을 자주 하세요.
老师: 胡安, (你) 放假的时候要多练习口语。
주앙: 네, 말하기 연습도 하고 2급 공부도 하겠습니다.
胡安: 好的, 我会练习口语, 也预习一下2级的内容。

<2> 节假日

学习目标: 能理解与节假日相关的内容。

词汇

어린이날 儿童节	설날 春节
휴가 休假	휴일 节假日
취미 爱好, 兴趣	프로그램 节目

• **读一读**

大家都喜欢节假日吧?
节假日的时候学校也休息，公司也休息。
所以人们都等待着节假日。
韩国人在节假日的时候做什么呢?
韩国人在节假日的时候享受自己的兴趣爱好。
看个电影，也去一下卖好吃的菜的餐厅。
还做各种运动。
去旅游的人们也很多，所以周末交通很复杂。
节假日的晚上在家看电视的人也很多。
所以周末的电视节目人气很高。

• **听一听**

1.

(1) 제 방에는 컴퓨터가 있어요. 텔레비전도 있고요.
我的房间里有电脑, 也有电视。

(2) 이 식당은 깨끗해요. 값도 싸고요.
这个餐厅很干净, 价钱也很便宜。

(3) 제 친구는 머리가 길어요. 안경도 썼고요.
我的朋友头发很长，还戴了眼镜。

(4) 제임스 씨는 노래를 잘 해요. 춤도 잘 추고요.
杰姆斯歌唱得很好，舞跳得也很好。

2.

(1) 우리 행복식당에 갈까요?
我们去幸福餐厅吧?

(2) 김치 김밥을 살 거예요.
我要买泡菜紫菜包饭。

(3) 저도 주말에 미녀와 야수를 봤어요.
我周末看了美女和野兽。

(4) 어제 영어 시험을 봤어요.
昨天考了英语考试。

3~4.

노라: 흐엉 씨, 내일 휴일인데 같이 엔(N)서울타워에 갈까요?
诺拉：香，明天是节假日，一起去N首尔塔玩吧?

흐엉: 엔(N)서울타워는 너무 복잡하지 않아요? 우리 한강 공원에 갈까요?
香：N首尔塔会不会很复杂? 去汉江公园吧?

노라: 한강공원은 어때요?
诺拉：汉江公园怎么样?

흐엉: 경치가 아름다워요. 자전거도 탈 수 있고요.
香：风景很美，还可以骑自行车。

노라: 그래요? 그럼, 내일은 한강 공원에 가요.
诺拉：是吗？ 那明天去汉江公园吧。

5~6.

올리비아: 레오 씨, 이번 설날에 뭘 할 거예요?
奥莉维亚：利欧，这次春节(你)做什么?

레오: 일할 거예요. 우리 식당은 설날에 쉬지 않아요. 식당에 손님이 많아서 쉴 수 없어요.
利欧：要上班，我们餐厅春节不休息。餐厅的客人太多，没法休息。

올리비아: 그래요? 설날에도 바쁘군요.
奥莉维亚：是吗? 春节也好忙啊。

레오: 올리비아 씨는 뭘 할 거예요?
利欧：奥莉维亚(你)做什么?

올리비아: 동생이 한국에 와서 동생이랑 서울을 구경할 거예요.
奥莉维亚：弟弟(妹妹)来韩国玩，准备带弟弟(妹妹)逛逛首尔。

레오: 그럼 우리 식당에 오는 게 어때요? 음식이 아주 맛있어요. 값도 싸고요.
利欧：那来我们餐厅怎么样?菜也很好吃，价钱也很便宜。

올리비아: 그거 좋은 생각이에요.
奥莉维亚：好主意。

第十九课 - 第二十课 复习

第十九课 - 第二十课 词汇

수원화성 水源华城	용인 龙仁
민속촌 民俗村	막국수 荞麦凉面

I.

가: 메리 씨, 방학하면 뭘 할 거예요?
甲：玛丽，(你)放假准备做什么?

나(메리): 아직 계획이 없어요.
乙(玛丽)：目前还没有计划。

가: 그래요? 그럼 저하고 같이 수원에 놀러가는 게 어때 요?
甲：是吗?那和我一起去水源玩怎么样?

나(메리): 네, 좋아요. 제가 고향에 가기 전에 같이 갈까요?
乙(玛丽)：嗯，好啊。我回家乡之前一起去吧?

가: 그럼 이번 주말은 어때요?
甲：那下周末怎么样?

나(메리): 주말에는 복잡하니까 금요일에 가는 게 좋지 않아요?
乙(玛丽)：周末比较复杂，星期五去更好吧?

가: 네, 그럼 금요일 아침에 같이 수원화성에 가요. 점심에 갈비도 먹고요.
甲：好，那星期五早上一起去水源华城。午饭再吃个排骨。

나(메리): 네, 그럼 그날 봐요.
乙(玛丽)：好，那我们那天见。

II.

我打算去首尔附近的地方旅游。
放假结束前，我打算去水源、龙仁和春川。
我去水源的话，准备参观水源华城和吃排骨。
龙仁有游乐园和民俗村，所以和朋友们一定要去。
春川能观赏到山、湖和江，风景非常美丽。
铁板鸡和荞麦凉面也很好吃。
这些地方从首尔出发一个小时内就能到，交通很方便。

韩国的文化：旅游景点

大家想去韩国的哪里？韩国拥有很多美丽的旅游景点。其中济州岛是韩国人们最喜欢的岛，除此之外还有雪岳山、巨济岛、潭阳、宝城等旅游景点也深受大家的喜爱。因国际电影节而有名的釜山，以及能感受到韩国传统历史文化的全州、庆州、安东等地也很有名。